# Por qué prefiero ser un narco 4:
## La venganza

Joaquín Matos

# LA DEDICATORIA

Aunque no está escrito para todos, este libro esta
dedicado a esos analíticos que se han atrevido a hacer la
pregunta, "¿Cómo voy a sobrevivir a pesar de la hostilidad
de mi entorno inmediato?"

# ÍNDICE DE CONTENIDOS

\* Este libro contiene ejemplos de argot, expresiones coloquiales y regionalismos.  Hemos incluido un glosario de los términos y expresiones utilizados al final del libro.

# RECONOCIMIENTOS

Muchas gracias a todos los que estuvieron en este proyecto. Y no podemos olvidar la población en Venezuela afectada por las crisis, merece mejor. Mis pensamientos y oraciones están con ustedes y sus familias.

Despierto. ¿Dónde estoy? Esto parece un hospital. No. No estoy en la cama de un hospital. Este lugar me resulta conocido. Parece la habitación de una casa. ¿Y mis piernas? Las siento dormidas. Duelen. No. No duelen ¿Qué pasa? Me siento drogado, como sedado. Dormido y con consciencia a la vez; de pronto entra a la habitación un sujeto desconocido. Lleva una bata blanca.

–¿Quién eres? –pregunté con voz débil.

–¡Ha despertado! –es todo lo que responde.

Detrás de él ingresa a la habitación el Mamaco.

–Patrón, ¿cómo se siente?

–Drogado, ¿qué pasó? ¿Dónde estamos? –pregunté.

–En uno de los cuartos de abajo de la casa de Matamoros.

—¿Y quién es este tipo?

—Él es el doctor Durán, vino solo para atenderlo.

—¿Por qué no me llevaron a un hospital?

—Patrón, no podíamos llevarlo a un hospital. Iban a hacer muchas preguntas, preguntas que no sabríamos responder. La casa de Costello es un mar de sangre, no podíamos correr con ese riesgo.

—¿Estoy bien? —pregunté, mirando al médico.

El médico me contestó sin vacilar.

—No se preocupe, va a estar bien. Perdió mucha sangre, pero ya hemos solucionado el problema. Lo hemos sedado para extraerle las balas que tenía cerca de la columna. Tuvo suerte, pudo haber quedado inválido. Se va a sentir débil durante un par de días, pero estará bien. Procure guardar reposo, no intente caminar, evite cualquier tipo de esfuerzo. Debe permanecer así al menos tres semanas. Volver a caminar le va a costar, sentirá dolor, deberá hacer terapias, pero no hay riesgo, todo está bien.

—¿Habrá efectos colaterales? —pregunté.

—Es muy improbable.

—¿Cuántos días estuve dormido?

—Cincuenta y dos horas a lo sumo.

—Tengo mucha sed, Mamaco, tráeme agua.

—No, no, espera, acabas de despertar de una sedación. Dentro de ocho horas podrás tomar un poco de caldo. Ten calma. Mañana vendré nuevamente a verte.

–Gracias, doctor –dijo el Mamaco.

–De nada, cuide a su jefe.

[…]

–¿Y Costello? ¿Está muerto? –es lo primero que le pregunté al Mamaco tan pronto tuve fuerzas para hablar.

–Su cara quedó como una cucaracha aplastada, patroncito.

–¿Y qué pasó con los demás? Había mucha gente allí: los gorilas de Costello, los hombres de José Pasto, Yorkelman, Begonio, Alirio…

–Todos esos insectos murieron. Me refiero a la gente de Costello. No quedó vivo ninguno.

–¿Estaba su madre ahí? –pregunté.

–No, no había nadie que no fuera parte de la organización, ni siquiera la gente de servicio. Se podría decir que por ese lado corrimos con suerte, no tuvimos que bajarnos a ningún inocente. En cuanto a los nuestros, todos bien: Alirio, Begonio y Yorkelman. A Yorkelman, una bala le rozó el brazo izquierdo, pero apenas lo cortó, no pasó nada grave. De los tipos que mandó José Pasto murieron dos, y otros tres resultaron heridos, pero no hay peo, era parte del riesgo. Yo mismo hablé con José Pasto y dijo estar satisfecho con el resultado de la operación.

–¿Entonces el más jodido fui yo?

–Y qué quiere patrón, si usted se les fue de frente

sin protección. Por suerte el cabeza de huevo de Costello no le dio en el corazón; si no, la historia sería diferente.

—Bueno, ya, no importa, lo verdaderamente importante es que ya nos deshicimos del pedazo de mierda ese, la ciudad es nuestra, Mamaco.

—Así es, patroncito.

—Solo tengo una pregunta.

—Dígame, patrón.

—¿Por qué me tienen en esta basura de habitación?

—Lo siento. Cuando llegamos, usted estaba sangrando, el médico nos pidió ponerlo rápidamente en una habitación. Era muy complicado subir las escaleras.

—¿Y ese tipo de dónde salió? El médico…

—Lo encontramos en el hospital. Al principio no quería venir, pero lo amenazamos con matarlo si no venía a atenderlo.

—Asegúrate de pagarle bien, Mamaco, ese hombre me salvó la vida.

—Claro, jefe, yo me encargo de eso.

—¿Y las mujeres? ¿Mi hija? ¿No han llamado? Erika, Luciana…

—Luciana ha estado llamando como loca todos estos días, pero no le dijimos lo que había ocurrido. Erika vino a visitarlo y estuvo acompañándolo.

—¿Dónde está ahora?

–No lo sé.

–¿Qué le dijeron a ella?

–Que habían intentado atacarnos y le dispararon.

–Muy bien. Luego la llamaré… Quiero salir de este cuarto asqueroso cuanto antes.

–El médico dijo que usted no debía moverse, jefe.

–Al diablo, llama a los otros y me cargan. Vamos arriba. Este cuarto huele a mierda.

## 2

En este maldito encierro, el tiempo discurre demasiado lentamente. ¿Valió la pena? Creo que sí, pero el tiempo es subjetivo; en realidad nunca tenemos plena conciencia de su dimensión real: surfeamos sobre sus olas sin percatarnos de todo lo que vale la pena. Hoy estoy aquí, encerrado, harto, pero de alguna forma he conseguido lo que tanto deseaba. Mi teléfono no para de sonar, Luciana insiste en hablar conmigo. Ya ni sé lo que quiero, lo que me gusta. ¿Sigo sintiendo ganas de cogérmela? Por supuesto que sí, pero un hijo lo cambia todo. Las cosas se desnaturalizan, no vuelven a ser las mismas después del compromiso que se adquiere a través de la concepción. Esa barriga seguramente me traerá más problemas que ventajas. Qué sé yo, ¿cómo determinarlo? Erika, Clara, mi mujer y mi hija; Luciana, mi nueva mujer, con una nueva hija o hijo; y mientras tanto yo aquí, postrado en esta cama, tirado en esta habitación de mierda sin poder culear, sin poder esnifar, sin poder moverme ni comer por mi cuenta. Tomando antibióticos, oliendo a mierda, tomando sopas, con picazón en el cuerpo, hediendo a sudor. Mis axilas están como podridas, doy asco. Qué risa me da el mundo. Siempre termina siendo gobernado por tipos despreciables como yo. ¿Cómo lo puedo negar? No soy un hipócrita.

[…]

Mandé al Mamaco para que me comprara una Play Station. La única manera de matar el tiempo era conseguir el último FIFA y aprender a jugar esa mierda. Paulatinamente, las operaciones comerciales volvieron a la normalidad. El Mamaco estaba al frente de todo. Yorkelman distribuía producto junto con Begonio, y Alirio cuidaba la mercancía. Así íbamos expandiendo el imperio. Todavía no me había llamado José Pasto, ese desgraciado y yo somos como aceite y agua, pero entendí que debía cuidar las apariencias, al menos hasta que tuviese el poder suficiente para mandarlo a la mierda. Obviamente, falta mucho para ese día.

[…]

Erika venía a visitarme todas las noches. Ella se tragó el cuento de Mamaco al pie de la letra. Lloraba, me pedía que tuviese cuidado, que tomase conciencia de lo ocurrido, que pensara en Clara, en su futuro, en nosotros… Le pedía una y otra vez que viviese conmigo y ella me decía que lo iba a pensar. Tenía que evitar preocuparme por todas estas cosas: postrado en mi cama, no podía contradecirla, ni siquiera tenía fuerzas para hacerlo. Todo lo que le hubiese dicho en estos momentos habría sido refutado con mucha sutileza. Erika me acariciaba como sabe que me gustaba. Me provocaba pedirle que me bajara los pantalones y me diese una mamada, pero no sabía si mi cuerpo podría responder. Además, el olor de mis partes íntimas seguramente no era muy agradable en esos momentos. Le había pedido que no traiga a la niña. No quería que me viese en esas condiciones. Quería que cuando me volviese a ver, me encontrara más fuerte que nunca.

Al tercer día casi logré convencer a Erika para que se quedase a dormir conmigo, pero ella debía volver a casa a cuidar de Clara, mi niña. Pronto volveríamos a estar juntos los tres. Juntos para siempre. Nada nos volvería a separar. Mientras tanto, yo debía descansar, jugar con la Play Station y esperar a que se me quitara todo el puto dolor.

[…]

Al quinto día, recibí una llamada de Luciana y le conté lo ocurrido sin rodeos: intentaron asesinarme y yo disparé primero. Eso fue todo lo que le dije. Ella empezó a llorar, me imploró que pensara en nuestro hijo y esa afirmación, esa seguridad con la que dijo "nuestro hijo", me cayó como una patada en las bolas. No entendía nada: hace tan solo unos meses, Luciana era la perla del Caribe, la mujer con la que yo soñaba día y noche, a la que quería penetrar a toda hora, la hembra que quería poseer, la que quería consumir una y otra vez… Y cuando esa fantasía se había cumplido en la realidad, sentía que ella solo era un estorbo. Así voy por la vida, sintiendo fastidio cuando alguien quiere estar conmigo y persiguiendo a quien me rechaza ¿Será esa nuestra naturaleza humana? ¿O es que solo soy un imbécil? Un imbécil con mucha suerte: tenía dos hermosas putas a mis pies y billete, mucho billete.

[…]

Cumplida la semana no aguanté más. Erika se fue de casa a las ocho de la noche para cuidar a Clara y le pedí al Mamaco que me llevara al baño. Me lavé las partes íntimas, volví a la cama y llamé a Luciana. Veinte minutos más tarde, ella ya estaba en mi habitación.

—¿Qué pasa, amor? ¿Te sientes mal de nuevo? ¿Qué puedo hacer por ti?

—No, nada de eso —respondí-. De pronto me han entrado unas ganas horribles de ti. Siento que te extraño mucho… Me haces falta.

—Luis Restrepo, eres un estúpido. Sabes que yo haría cualquier cosa por ti, pero aún estoy molesta por no haberme avisado lo que pasó.

—No estaba en condiciones de hacerlo, además no quería asustarte. Tú sabes, podría ser peligroso para el niño que viene en camino... Pensé que era mejor no arriesgar.

—Está bien, si fue por eso, estás perdonado. Dime, ¿necesitas algo?

—Sí, casi no puede moverme, pero, ¿me darías un beso?

—¿Besarte? ¡Por supuesto!

—Sí, pero tú sabes, no en los labios... Prefiero ahí abajo.

—¡Ay, Luis! ¡Por Dios!

—Te necesito, Luciana. Mucho más de lo que imaginas.

—Pero, mírate cómo estás. No sé cómo puedes pensar en eso.

—Aunque estuviese a punto de morir no podría dejar de desearte.

—Espera, déjame cerrar la puerta con candado, no vaya a ser que se le ocurra entrar a uno de tus amigos.

Luciana, eres una grandísima perra.

[...]

El doctor Fermín venía cada dos noches a verificar mi evolución. Felicitaba al Mamaco por la forma en que me cuidaba y decía que mi cuerpo se estaba recomponiendo de la mejor manera. Al comienzo, le invitábamos cervezas cada vez que venía. Se negaba, pero acababa cediendo. Pensándolo bien ahora, no estaría nada mal contar con un médico en la organización. En los primeros días, él no mostraba confianza debido a las amenazas del Mamaco, pero cuando le pidió disculpas todo eso quedó olvidado. El doctor Fermín es un tipo serio: un carajo de treinta y tantos, inteligente, astuto, no es como estos imbéciles que me rodean. Sería bueno tener cerca a alguien así, alguien que pueda aconsejarme, pero, ¿tendrá la mente tan sucia?

A las dos semanas ya empecé a ponerme de pie por mis propios medios. No podía soportar más estar allí tirado como un pedazo de mierda. Bajaba a la cocina con cualquier excusa. El encierro empezaba a enloquecerme y para colmo se nos había agotado la mercancía. Decidí llamar nuevamente a José Pasto. No había hablado con él desde el golpe. Necesitábamos saldar cuentas. Y yo quería pedirle una dote más alta de droga. Ya no podía seguir traficando solo cincuenta o cien kilos. Si quería crecer, debía empezar a pensar en grande, a comprar en grande, a distribuir en grande, a vender en grande. Ya no tenía ningún obstáculo. El perro infame de Costello estaba muerto. Saber que yo lo había matado era lo único que me hacía sonreír cada mañana, a pesar del puto y desgraciado encierro. Intenté hablar con él varias veces, sin éxito. ¿Estaría evitándome ese puto?

—¡Parcero, hermano! ¿Cómo sigue? ¿Cómo lo trata esa cama?

—¡Ah! Te enteraste…

—Por supuesto, hermano, ¿cómo no iba a enterarme? Todos mis hombres participaron en esa operación.

—Por supuesto. Y lamento que haya perdido un par de hombres.

—Bueno, parcero, ese es el riesgo que uno asume al meterse en este negocio. Se gana mucho billete, pero las balas están a la vuelta de la esquina.

—Totalmente cierto.

—Cuénteme, parcero, seguro que no me llama para hablar de los hombres que murieron. Es por negocios, ¿verdad?

—Por supuesto, necesito más mercancía.

—¿Cuánto quiere y pa' cuándo? Usted es mi socio, parcerito.

—Quinientos kilos.

—¿Quinientos? Parcero, no tengo tanta droga para darle. Yo se la consigo, pero tiene que darme unos días. Se va a meter de cabeza en negocios grandes, ¿no?

—La zona está despejada. Es el mejor momento para empezar a crecer.

—Despejada de aquel lado, solamente. De este

lado sigue todavía sigue congestionada. En fin, no importa, yo tengo unos planes en mente. En su país bastan unos cuantos billetes para que uno pase la mercancía por donde se le antoje. El mercado está en las Europas, parcero, eso de andar vendiéndole a los pobres perros de los barrios hay que dejárselo a los principiantes.

—Pues claro, mijo, ¿a dónde cree usted que yo iba? Pero la vaina no es tan fácil. Lo primero es establecer los contactos. Conocer bien a la gente. No vaya a ser que por confiado lo acaben entregando.

—Encárguese de eso, parcerito, y haremos buenos negocios.

—Necesito esa merca, ¿me la va a conseguir?

—¿Qué pasa, Restrepo?¿Cuándo le he quedado mal a usted?

—Está bien, dígame cuándo puedo volver a llamar.

—Deme una semana, Restrepo. Voy a hacer los contactos. Estaremos pendientes. Recupérese, porque lo que se viene es candanga.

—Perfecto. Un abrazo, parce.

—Abrazo de vuelta.

[...]

Poco después llamé a Begonio, Alirio y al Mamaco a la habitación para explicarles lo que íbamos a hacer. El primero en llegar fue Alirio. Begonio había salido a buscar unos medicamentos y tardó en llegar. El Mamaco estaba cogiéndose a una hembrita. En fin, cuando finalmente nos reunimos, a eso de las ocho de la noche, comencé a hablar.

—¿Saben por qué les he pedido que vengan?

Los tres se quedaron callados, mirándose las caras visiblemente confundidos.

—Es hora de pasar página. A partir de ahora vamos a tener dos distribuciones: una local y otra de exportación. La distribución local es meramente estratégica. No genera tanta ganancia, como la exportación pero tras tumbar a Costello no podemos permitir que otro maldito cope ese mercado. Debemos marcar nuestra zona y ejercer pleno dominio en ella. Ha llegado la hora de hacer alianzas con quienes solían ser distribuidores locales de Costello. Lo haremos así: o trabajan para nosotros, o les volamos la cabeza, sin darles tiempo para pensar. Haremos las labores de acercamiento y si el tipo muestra alguna forma de lealtad a Costello, tendremos que matarlo en el acto, sin dudar.

—Me gustan sus ideas, jefecito —comentó el Mamaco relamiéndose.

—Eso por un lado. Por el otro, José Pasto propone que exportemos droga directamente a Europa. Es evidente que yo no quiero trabajar con ese maldito colombiano, pero debemos cuidarnos de él. Es más poderoso que nosotros y además es quien nos provee la mercancía. Y sin embargo no nos podemos confiar. Me ha sugerido que comencemos exportando desde Venezuela, porque en Colombia la lucha contra el narcotráfico es muy jodida. Con todo el peo de las FARC, el proceso de paz y todas esas vainas, es difícil trabajar bien. Nosotros vamos a seguir chupándole las tetas al colombiano marica ese. Lo vamos a seguir haciendo hasta que tengamos la capacidad suficiente de imponer nuestras propias reglas. Quiero que eso lo tengan claro. Y quiero que sepan que ustedes son mis hombres de confianza. Los únicos que pueden saber todo esto son ustedes y nadie más. ¿Está claro?

—¡Sí, patrón! —dijeron los tres al unísono.

—Bien. Me he comunicado con un amigo de Caracas, quedé en reunirme con él cuando estuviese en condiciones para viajar. La idea es que saquemos la carga en avionetas privadas hacia Aruba. Como Aruba está tan cerca, la droga será enviada a Estados Unidos desde allí. Y a partir de ese momento nosotros ya no pintamos nada. No queremos que nos caiga la DEA, ni el FBI, ni ninguno de esos gringos malditos. Hacemos llegar la carga hasta la isla y listo, cada quien agarra lo suyo. Les digo todo esto porque a partir de ahora tenemos que estar más activos. Se acabaron las maricadas, el andar con delincuentes comunes. A partir de ahora seremos los capos de la frontera y nos vamos a llenar de billete. ¿De acuerdo?

—¡Sí, patrón! —contestaron todos una vez más con una sincronización increíble.

—Ahora váyanse, necesito descansar. Dentro de poco Luciana viene a visitarme. Vigilen la entrada. Busquen a dos gorilas para que se encarguen de la seguridad. Ustedes no pueden ocuparse de labores de lacayos. Encárguense de todo y no me defrauden.

—Patrón, espere un momento —dice Begonio.

—¿Qué pasa, Begonio?

—Perdone que lo interrumpa, pero es que yo tengo una duda…

—¿Qué sucede?

—¿Por qué no trabajamos con otras drogas? ¿Por qué solo cocaína? Y perdone mi ignorancia, pero es que en estos días estaba viendo la tele y…

—Begonio, Begonio, tranquilo, ya sé lo que vas a decir. Verás, en nuestra débil economía es difícil comercializar con heroína pura, por ejemplo, es demasiado costosa y no la producimos en el país. En cambio, la coca la tenemos aquí al lado, ¿comprendes? ¿Y las otras drogas? ¿Marihuana? Eso es para maricas y poetas. ¿LSD, éxtasis? A Venezuela solo llega mercancía de segunda, basura sintética, puras porquerías. Y la gente no es imbécil, sabe que está consumiendo mierda. ¿Por qué la cocaína? Porque el perico es lo que más se vende. Es una de las drogas más adictivas. Y además es riquísima, ¿verdad? No te mortifiques, seguiremos el camino que nos hemos trazado, y tendremos plata hasta para limpiarnos el culo con billetes de cien dólares.

—Está bien, patrón, lo entiendo.

—¿Alguna otra duda, Begonio?

—No, jefe.

—Vale, entonces vayan a hacer lo que les dije. Luis Restrepo necesita un poco de silencio.

3

Pasé casi un mes sin salir de casa luego del incidente con Costello. En ese tiempo muchas cosas ocurrieron, la más significativa de todas era que el vientre de Luciana no paraba de crecer y yo debía repartir mi tiempo entre Erika y Clara, Luciana y mi segunda hija o hijo. Por suerte no había ocurrido ningún encuentro indeseado. Luciana no disimulaba su enfado por su papel de segunda, pero sabía que nada podía hacer para cambiarlo.

En cuanto me sentí con las fuerzas suficientes para salir de casa por mis propios medios, visité la antigua residencia de Madame Sofía para hablar con Esmeralda. Llevaba más de un mes sin saber nada de ella. A pesar de todo lo ocurrido, los disparos, mi posible muerte, los nuevos encargos, y toda la vida que se desataba a mi alrededor, era incapaz de alejar de mis pensamientos a semejante pedazo de puta.

Le pedí al Mamaco que me acompañara. No quería manejar. Si bien ya me podía valer por mi propia cuenta, mi cuerpo seguía muy débil. Subimos a la camioneta y fuimos directo a la residencia. Tras tocar el timbre salió una de las mujeres que estuvo aquella noche en mi casa, antes del golpe contra Costello. Tenía cara de recién levantada, ojeras enormes, maquillaje chorreado y un aspecto nada agradable.

—¿Eh? Señor Restrepo, tiempo sin verlo, ¿cómo está?

—Bien, por suerte, ¿está Esmeralda?

—Sí, por supuesto señor.

—Dígale que la estoy buscando, que necesito hablarle.

—Ya se la busco, señor.

—No me vas a dejar esperando aquí afuera, ¿cierto?

—Por supuesto que no… Perdón. Pase, ya le busco a Esmeralda.

Entré y busqué asiento en aquel prostíbulo disfrazado de residencia. Todavía me dolía la cadera cuando intentaba agacharme, sentarme, o hacer algún tipo de movimiento no habitual. El lugar olía a aguardiente barato, cigarro, sexo y marihuana. Al cabo de unos quince minutos, Esmeralda bajó a saludarme.

—Luis Restrepo —dijo, sorprendida y coqueta-. No te esperaba por aquí.

—¿Acaso no puedo pasar a saludar a una vieja amiga? —pregunté.

—Es una buena sorpresa.

Cuando la tuve frente a mí pude percatarme de que su aspecto no era como el de sus compañeras. Esmeralda estaba radiante, como si acabase de despertar de un sueño de 20 horas. No había una sola gota de maquillaje chorreado, estaba perfectamente peinada. Cada vez que la veía no podía evitar preguntarme cómo pudo acabar viviendo así semejante hembra. En fin, es probable que ella se preguntara lo mismo sobre mí.

—Hace muchos días que quiero verte —le dije.

—¿Y por qué no habías venido?

—Es una larga historia, una larga y trágica historia.

—¿Una que no puedo conocer? —preguntó con risa irónica.

—Yo no he dicho eso.

—¿Entonces?

—Ya tendremos tiempo de hablar de ello, ¿cómo has estado?

—Bien, digamos que sin sobresaltos ¿Y tú?

—Podría decirte que estuve a punto de morir, quizás eso te responda, pero la verdad es que todo me va de puta maravilla.

—¿Cerca de morir y te va de maravilla? ¡Vaya!, Luis Restrepo no es tan oscuro como parece.

—¿Esa es la imagen que tenías de mí?

—No lo sé. Dije lo primero que me vino a la cabeza. A veces eres amable y a veces un pedazo de mierda, ¿qué puedo pensar?

—Qué cariñosa eres... Y yo que venía con las mejores intenciones.

—¿Intenciones? ¿Conmigo?

—¿Te gustaría descubrirlo?

—Estamos muy viejos para hacernos los graciosos, Luis Restrepo.

—No quiero que vuelvas a acostarte con nadie más, Esmeralda.

—¿Hablas en serio?

—Nunca he dicho nada más serio.

—¿Y ese tono mandón? Mejor dicho, esas agallas de dominación, ¿de dónde salen? ¿Por qué tengo que creerte?

—Porque quiero tu exclusividad, y te pagaré si así lo deseas.

—¡Ajá! Ahora sí hablamos un idioma que ambos entendemos.

—Quiero que seas solo mía, Esmeralda.

—Bueno, eso va a depender de que puedas cubrir todas mis necesidades.

—Administra este negocio, pero no seas parte del mismo. Conmigo no va a faltarte nada.

—¿Qué quieres de mí, Luis Restrepo?

—Tu cuerpo, tus tetas, tu culo, tu lengua en mis bolas... ¿He sido claro?

—Más de lo que me esperaba.

—Te quiero en mi casa a mi disposición para cuando lo necesite.

—¿Y cada cuándo es eso, pues? Ya sabes que casi nunca salgo de la residencia…

—No lo sé, estos días estaré ocupado recuperando el tiempo perdido en la cama, pero apenas pueda te mandaré a buscar. Por lo demás no te preocupes.

—No sé qué decir…

—No te ganes un problema conmigo: la exclusividad no se negocia.

—No he firmado ningún contrato.

—No hay necesidad de hacerlo. Basta que recibas el dinero y ya.

—No he recibido un solo centavo.

—Mañana enviaré al Begonio y tendrás tu dinero.

[…]

La primera tarde que salí de casa quería empezar a poner las cosas en orden. Después de visitar a Esmeralda bajamos al barrio para conversar con Yorkelman. Él se encargaría de las operaciones de distribución en toda la ciudad, y debería elegir a uno de sus lacayos para que se encargara de las operaciones internas. Cada uno de los miembros de la organización tendría que adoptar nuevas funciones. El imperio Restrepo iba cuesta arriba.

Al día siguiente saldría hacia la frontera para recoger el cargamento de quinientos kilos.

Por razones de seguridad, había decidido no

llamar la atención. Incluso antes del fallecimiento de Costello, no había realizado compras escandalosas. Pero para convencer a Erika de que volviera a casa conmigo tuve que comprarle una Cherokee negra. Fueron necesarios algunos sobornos, ya que a Venezuela supuestamente no llegan carros nuevos. No llegan para quienes no tienen los billetes verdes. Así de simple. En este país puede conseguirse hasta mierda de ballena blanca si tienes los billetes. En esta tierra del nunca jamás todo es posible.

Llegué a casa de la madre de Erika en su nueva camioneta. Le mandé un mensaje para que saliera. Abrió la puerta y se topó con su nueva nave envuelta con lazo de regalo.

—Es toda tuya, querida. Un regalo por todo el amor que me brindas.

Erika empezó a gritar y se colgó de mí a horcajadas. Mi cadera se resintió y al instante comenzó a dolerme. Ella me pidió perdón de inmediato, pero no pudo aguantar la euforia.

—¿Es cierto lo que ven mis ojos? ¿No estás jugando conmigo?

—Es tuya. ¡Toma las llaves!

Mi mujer se montó en la camioneta y la encendió. Los vecinos empezaron a rodear el vehículo, asombrados. En sus putas y miserables vidas jamás habían visto que alguien le hiciera semejante regalo a su mujer.

—Quiero que vuelvas a vivir conmigo —dije desde la ventana de la camioneta.

—Está bien, volveré contigo. Pero no quiero vivir en esa casa de mierda. Me trae malos recuerdos.

—Te compraré una casa nueva.

—¿Dónde?

—Donde tú quieras, elige la zona que más te guste.

—Quiero vivir en la zona alta, por Colinas de Pirineos.

—Allí nos mudaremos.

—Te amo, Luis Restrepo.

—Y yo a ti, Erika García. Ahora, ¿dónde está mi hija? Quiero saludarla.

—Estaba durmiendo la siesta.

—Quiero verla.

—Ven, pasa.

Por primera vez en casi un año podía entrar a ver mi hija con absoluta parsimonia, sin complejos, sin discusiones. ¿Me había cambiado la cercanía con la muerte? Mi suegra me miró con desagrado sin disimular, la saludé y seguí avanzando sin prestarle mayor atención. Ahí estaba mi hija… Cada vez más grande… Ya podía ponerse de pie ella sola.

—Ma, ma, ba, ba, me, me, ma, pa, pa, pi —decía.

¡No lo podía creer! Mi tesoro también hablaba, caminaba, se movía. La abracé con fuerza.

—Tendrás lo mejor de este mundo, reina. Todo lo

que quieras. El mundo a tus pies. Eres una princesa.

La besé en la frente y me despedí.

—Debo irme, Erika.

—¿A dónde vas? ¿Qué tienes que hacer? —preguntó, ligeramente molesta-. ¿No quieres quedarte para la cena?

—Debo trabajar, arreglar algunas cosas… Y buscar nuestro nuevo hogar.

—Todo es muy reciente, Luis, no deberías trabajar todavía. Descansa, quédate un rato más.

—Lo siento, no puedo. No te preocupes, todo va a estar bien, mañana vengo al mediodía. ¿Te parece? Almorzaremos juntos, Clara, tú y yo.

—Está bien, cariño. Te amo…

—Y yo a ti, Erika. Y yo a ti…

Salí de aquella casa pensando por qué pasaba todo eso. Pocos meses atrás no la soportaba, no la quería ver. Hasta pensé en matarla. Y ahora sentía que no podía estar sin ella, que la necesitaba de nuevo a mi lado. Luciana, sin embargo, ya no significaba nada, cuando hasta hace nada lo era todo. Hasta una puta ocupaba ahora un lugar más grande en mi corazón ¿Qué demonios pasaba conmigo?

[…]

—Y ahora, ¿a dónde vamos, patrón? —dijo el Mamaco y me trajo de regreso al mundo.

—Vamos a Colinas, quiero ir a ver las casas…

Erika quiere vivir allá.

—¿Se va a comprar casa nueva, patrón?

—Sí, ya es hora. Con los primeros kilitos que se vendan, pediré un préstamo al banco en bolívares y pagaré unas cuotas de mierda todos los años. En este país, con la devaluación constante, en pocos años la casa te sale gratis. ¿Ves, Mamaco? Eso es lo que la gente estúpida no entiende, hablan mierda del país y terminan yendo a Estados Unidos para trabajar de cualquier cosa. Pero aquí toda verga es gratis: la luz, el agua, la gasolina, el gas, todo, Mamaco. En fin, qué se le va a hacer, entre menos gente haya, más queda para nosotros.

—Mejor así, patroncito.

Fuimos a la parte alta de la ciudad. Al llegar a la portería de la urbanización que buscaba, bajé el vidrio y saludé a los vigilantes como si ya viviese allí. Ningún vigilante podría pensar mal de mí al verme en esa camioneta. ¿Cómo podría no ser dueño de cualquier casa en este lugar? Al entrar, empezamos a ver las distintas quintas del lugar, disfrutando de todas esas calles amplias y el clima templado de la montaña. Así llegamos a la parte más alta de la urbanización. En una esquina había una casa increíble con un cartel de "Se vende".

—¿Qué te parece esa casa, Mamaco?

—Patroncito, eso no es una casa, es un palacio. Es muy elegante.

—Préstame tu teléfono, no quiero usar el mío.

Cogí el teléfono del Mamaco, marqué el número que se veía en el cartel y al cuarto timbrazo me contestó una mujer.

—Buenas tardes, necesito información sobre una casa.

—¿Cuál de todas, señor? —dijo esa cálida voz detrás del teléfono.

—Una que está ubicada en Colinas de Pirineos… En la parte alta, en toda una esquina, construcción blanca, moderna.

—Debe ser el modelo minimalista de la calle 7.

—Sí, puede ser esa.

—¿Qué información necesita?

—Pues bueno, el precio, ¿qué otra cosa querría saber?

—A veces la gente pregunta si las casas cuentan con las instalaciones de agua adecuadas; si el inmueble está debidamente registrado; todas esas cosas, ya sabe.

—A mí toda esa mierda no me interesa. Solo quiero saber cuánto cuesta y cuándo puedo mudarme.

—Eso depende del pago y todo lo demás, señor…

—¿Cuánto cuesta?

—Ochenta millones.

—Hábleme en dólares.

—Ochenta mil dólares, señor.

—La compro. Apártela a nombre de Luis

Restrepo.

—Señor, no se hacen así las cosas. Usted debe venir a la inmobiliaria, demostrar su capacidad de pago, aprobar el contrato de compraventa…

—Bueno, ya, está bien, mañana mismo paso a firmar todo lo que haga falta. Pero quiero esa casa a mi nombre.

—Trabajamos en horario de oficina, estamos ubicados en el centro comercial Las Acacias.

—Iré mañana. Y recuerde mi nombre: Luis Restrepo.

# 4

A la mañana siguiente, nada más despertar recordé que debía ir a firmar los papeles de la nueva casa, pero también debía viajar hasta la frontera para buscar el cargamento de droga. Necesitaba llamar a la inmobiliaria, pero no tenía el número. Fui a buscar ropa interior para bañarme y en el fondo de la gaveta descubrí una pequeña bolsa de cocaína. Seguramente la dejé allí hace mucho tiempo, antes del golpe. "Luis Restrepo", me dije a mí mismo, "esto es el destino: por algo Dios colocó esa bolsa en tus manos". No había vuelto a consumir cocaína desde el incidente. En los primeros días no podía ni moverme y no tenía deseos de nada; pero a medida que fui recobrando fuerzas empecé a sentir la necesidad del adicto, hasta el punto de tener que buscar distracciones para pensar en otra cosa. Pero ya había pasado mucho tiempo. Y mi amiga me llamaba con insistencia. No quería que se sintiera ofendida o menospreciada. No lo pensé más: hice un par de rayas y me batuqueé la nariz. "¡Ah, esto sí que es vida!", exclamé. Estaba listo para otro gran día en la oficina.

[...]

Cerca del mediodía, mi equipo se reunió en mi casa para salir rumbo a la frontera. Subimos a la camioneta el Mamaco, Alirio, el Begonio y yo. No llevábamos droga. Las armas estaban escondidas, para evitar cualquier percance con la ley. Era una tarde calurosa, seca. Mejor ni imaginar cómo estaría más adelante, por el paso de Cúcuta. Begonio puso esa música campesina que tanto le gusta. Yo no dije nada. A veces hay que dejar que los súbditos saboreen sus pequeños placeres, así se sentirán siempre en deuda, agradecidos. En esa ocasión tomamos el camino habitual, el más rápido: subimos por Puente Real hasta llegar al Mirador, luego comenzamos a descender para volver a subir: Zorca, Capacho, el paso hacia Peracal y finalmente San Antonio. El trayecto duró aproximadamente cincuenta y cinco minutos. Mis dudas se desvanecieron en ese viaje: en cada alcabala que pasábamos solo tenía que bajar la ventana y saludar con una sobriedad extrema. Ningún guardia se atrevió a requisarnos, a preguntar nada. Esa es la diferencia entre transportarse en un carro viejo y moverse en una camioneta flamante. Así funciona todo en este país. Luego hay quienes dicen que el dinero no marca la diferencia en este puto mundo.

A la hora del almuerzo llegamos a San Antonio. Por casualidad, entramos a un restaurante manejado por uno de los comerciantes de la zona. Pedimos un par de cervezas mientras nos traían la comida y comencé a llamar a José Pasto para verificar la trocha por la cual pasaríamos la mercancía, ya que en esta ocasión no se encontraba en sus depósitos. El muy tonto iba a ponerme en contacto directo con uno de sus proveedores. José Pasto me indicó que estaba al otro lado de la frontera, con su gente, pero que todo estaba arreglado para que Tino Méndez y yo nos encontráramos. Me dictó su número de Whatsapp y dijo que me enviaría la ubicación exacta para poder llegar usando el GPS.

Después de almorzar, tomamos un par de cervezas más y a las tres de la tarde (la hora pactada con José Pasto) le escribí a Tino Méndez para organizar nuestro encuentro. Él respondió de inmediato y confirmó que la mercancía ya estaba lista, pero que debíamos pasar por una trocha para escoltar la carga hacia Venezuela y llevarla luego al destino final.

—¿Ya está listo el camión? —pregunté.

—Parcero, todo está armado para que pase sin

problemas, siempre y cuando la guardia no salga con vainas raras. Yo cumplo con darle la mercancía.

—Está bien, mándame la geolocalización.

Tino Méndez me envío los datos, pero el GPS no encontraba la ruta para llegar hasta allá. Se desviaba por el puente internacional, algo que era desde todo punto de vista improcedente.

—El GPS me envía al puente, ¿qué puedo hacer? —escribí.

—Configúralo para salir por Ureña: un kilómetro antes del cruce hay un desvío a mano izquierda. Es un camino de tierra. Dale por allí y el GPS te cambiará la ruta. La hemos diseñado nosotros. Dale directo unos diez minutos hasta dar con una de nuestras alcabalas. Ellos ya saben que vienes. Por las dudas, les dices que has hablado con el Tino Méndez. Acto seguido, uno de los hombres subirá a una moto y te escoltará hasta la finca.

—Vale, nos vemos en unos minutos —acoté.

Volvimos a la camioneta. Begonio estaba al volante, yo iba como copiloto. El Mamaco y Alirio se quedaron en la parte de atrás.

—¿A dónde vamos, patrón? —preguntó Begonio.

—Dale como si fueras a cruzar la frontera por Ureña, por allí encontraremos un desvío, ya te iré avisando.

Y así avanzamos por las calles asfixiantes y calurosas de San Antonio, que antaño estaban abarrotadas de autos y gente y que ahora parecen páramos del Sahara. Algunos minutos más tarde salimos de San Antonio rumbo al pueblo vecino. Al observar los alrededores no podía evitar preguntarme las razones por las cuales todos los pueblos de tierra caliente son tan horribles. Nunca lo había pensado, pero era así: todos esos pueblos calurosos son asquerosos, no solo por su temperatura, sino por su arquitectura y su gente. Parece que todos viven agobiados, extenuados, odiando el exterior. Las casas no tienen pintura, están desgastadas, cubiertas de grafiti; las avenidas no tienen señalización, y de noche, no hay alumbrado público. ¿Será que el calor impide que la gente viva como Dios manda? Al acercarnos al cruce de la frontera observé algo que parecía ser un camino de tierra, aunque no estaba muy seguro ya que todo estaba tapado por matas y bolsas de basura. Le dije a Begonio que siguiera por ahí.

—¿Por allí, jefe? ¿Entre las bolsas de basura y toda esa porquería?

—Sí, por ahí, dale, dale. Estoy seguro de que ese es el camino.

El Begonio avanzó sobre la basura y los restos de comida y mierda. Era un camino sin pavimentar. El aire desértico levantaba polvo constantemente. Y entonces el GPS de mi celular se activó: comenzó a redireccionar y mágicamente encontró una nueva ruta. "Siga derecho 2.8 kilómetros y a continuación cruce levemente a la izquierda", dijo la risueña voz española del GPS.

—Ya lo escuchaste, Begonio, es por aquí.

No lograba eliminar la desconfianza. A pesar de todo, José Pasto no era ningún imbécil. Producir quinientos kilos de cocaína no es como cocinar tamales. Era muy fácil que me tendieran una trampa. Si José Pasto quisiera borrarme del mapa, tal como silenciosamente yo esperaba hacer con él, lo tenía todo servido. Pero todavía podía serle útil y, además, no le había dado motivos para desconfiar. En el fondo, era bastante improbable que me eliminaran, pero yo no acababa de tranquilizarme.

—Mamaco, ya sabes cómo es esto. Tú siempre con los dedos en la de hierro.

—Tranquilo, patrón. Si alguien intenta algo le vuelo la cabeza.

En el desvío a la izquierda, la carretera comenzó a estrecharse. Vimos a lo lejos unos conos y nos fuimos acercando poco a poco hasta que aparecieron unos hombres.

—¿Quiénes son esos tipos, patrón? —preguntó Begonio.

—Dale tranquilo y baja el vidrio. Es la gente de nuestro contacto.

El Begonio siguió manejando con calma hasta que se detuvo por completo frente a esos hombres.

—¿A quién buscan? —dijo uno de los guardias.

—A Tino Méndez —respondí sin vacilar.

—¿De parte de quién?

—Mi nombre es Luis Restrepo, él me está esperando.

El guardia giró y le dijo algo a su acompañante; luego volvió a mirarme y ordenó:

—¿Pueden bajar del vehículo, por favor?

—¿Hay algún problema?

—No, solo debemos chequear el auto. Es una revisión de rutina.

—Vale, de acuerdo.

Mientras bajábamos del auto, le dije al Mamaco que escondiera la pistola y no la entregara a esos tipos bajo ninguna circunstancia. Cuando los cuatro estábamos fuera de la camioneta, el segundo guardia empezó a revisar: el maletero, debajo de los asientos, las guanteras, los compartimientos. Hasta hoy no sé qué estaban buscando. ¿Drogas, armas, explosivos? Al cabo de unos cinco minutos el primer guardia se dirigió a nosotros una vez más.

—Adelante, pueden subir de nuevo a su auto. Mi compañero aquí presente los llevará con el comandante.

—Muchas gracias —dije, mientras entraba al vehículo.

El segundo guardia subió a una moto y empezó a

abrirse paso entre caminos angostos e inverosímiles; en ocasiones incluso tuvo que apartar la maleza con una mano para poder pasar. Atravesó un hueco entre los árboles, la camioneta lo siguió con dificultad, hasta que topamos con una cerca enorme y unos portones como de granero. El guardia bajó de la moto y lo abrió. Entramos y un par de minutos más tarde llegamos a una enorme mansión, con varios galpones detrás de ella. El guardia de la moto se acercó a la ventana y nos dijo:

–Hemos llegado. Ahora otro compañero los llevará hacia el comandante.

[...]

En la hacienda del Tino Méndez se acabó el protocolo. Los guardias miraron por encima la camioneta y nos condujeron al lugar; si bien es cierto que podía verse a varios sujetos armados a los costados del camino, en ningún momento nos volvieron a detener. Debo suponer que lo oculto del lugar, y la única vía para penetrar en él, convierte en un suicidio cualquier atentado, por lo que ninguna persona cuerda se atrevería a intentar algo estúpido. Dejamos la camioneta estacionada junto a un gran depósito y uno de los guardias vino a saludarnos.

–Luis Restrepo –dijo el guardia en voz alta-, es un placer saludarlo. El comandante me ha pedido que lo escolte hasta la casa y que lo espere allí un par de minutos. Síganme, por favor.

Seguimos al sujeto por los jardines de la hacienda hasta llegar a la enorme mansión que habíamos visto a la distancia. Era una construcción rústica gigantesca, apenas ingresamos pudimos sentir la frescura del aire acondicionado. Mis compañeros y yo respiramos hondamente aliviados "¿Qué haría yo con una finca como esta?", pensé.

—¿Desean tomar algo? El comandante me ha pedido que los atienda mientras llega.

—¿Qué desean ustedes? —dije, mirando a los muchachos, pero ellos seguían en silencio.

—Tenemos whisky de 18 años, antioqueño, ron, brandy, licores digestivos.

—Una cerveza —dijo el Mamaco.

—Sí, cerveza está bien —acotó Begonio.

—Yo quiero un 18 años con soda —añadí.

—¿Y para el joven? —preguntó el anfitrión señalando a Alirio.

—Lo que sea, yo tomo cualquier cosa —respondió él.

—Otro whisky. Dos whiskies y dos cervezas —acotó el sujeto.

El tipo se perdió entre los pasillos de la casa y nos quedamos solos en la enorme casa.

—¡Patrón! —exclamó el Mamaco abriendo los brazos-. Esto es el paraíso de los traquetos.

—Tienes razón —le dije-. Tienes toda la razón.

—¿Cuánto tiempo tendrá que pasar para

montarnos en una de estas? –preguntó.

–No lo sé. La verdad es que no tengo la menor idea, pero creo que vamos por buen camino.

–¡Uy, patrón, es que esto es vida de reyes! Con este casononón, imagine la cantidad de mujeres que podremos coger… Hacemos una piscina del tamaño de una cancha de futbol y la llenamos con puras tetas y culo parejo. ¿Qué más necesita uno en la vida?

El sujeto regresó rápidamente con los whiskies y las cervezas.

–Espero que les guste la Club Colombia.

–Cerveza es cerveza –dijo el Mamaco.

–El comandante vendrá en quince minutos, pónganse cómodos, por favor. Y si necesitan algo más, solo avísenme.

El sujeto volvió a perderse entre los cientos de cuartos y laberintos de aquella mansión. El Mamaco, Alirio y Begonio parecían niños perdido en Disneylandia observando tanta opulencia Yo también estaba sorprendido, esto era justo lo que había soñado cuando empecé en el negocio. Mi sueño era algo más grande, pero este era el camino: la plata es lo único que vale la pena en esta puta vida, lo demás son pendejadas. Si vivimos una sola vez, hay que hacerlo jodidamente bien. El Tino Méndez tardó casi media hora en presentarse en la sala donde nos encontrábamos. Tenía un aspecto muy diferente al que había imaginado. Llevaba un mono Adidas negro con chaqueta de la misma marca y rayas blancas a los costados, unos lentes de aviador y un sombrero de vaquero.

—¡Luis Restrepo! —gritó aquel hombre tan pronto nos vio-. Hermano querido, qué gusto conocerlo. José Pasto me ha echado unas historias suyas, que bueno, ni contarle, usted ya se las sabe. No se imagina cómo me alegra que se haya volado al hijo de puta ese de Costello. Solo por eso usted es mi parcero para toda la vida. Por eso le pedí a José Pasto que me lo enviara para acá.

—¿Sí? ¿Tú mismo le dijiste a José Pasto que viniera? —comenté asombrado.

—Por supuesto, parcero, acá no entra cualquier pelele. Usted está aquí porque yo quiero que esté. Pero a ver, ¿qué están bebiendo? ¡Cerveza! No, parceros, la cerveza es de pobres, hay que tomar whisky de etiqueta. Eso es lo que toman los ricos por allá en Bogotá y Caracas, ¿sí o no, parcero?

—Por supuesto —le respondí.

—Johnny, tráigale a los amigos unos vasos limpios y tráigame la botella… Luis Restrepo, finalmente le veo la cara, de verdad estoy muy contento por lo que hizo.

—Gracias, hermano. Ya sabe, estoy dispuesto a aportar en todo lo que pueda.

—Mire, parcero, es que la familia del perro ese es una piedra en el zapato. Llevo años enfrentado con sus primos. Tiene que tener cuidado, porque esos andan por ahí todavía y usted ya sabe cómo se resuelven las vainas en este mundo.

—Sí, por supuesto, lo sé, pero aquel día no dejamos testigos, esos carajos no van a tener ni puta idea sobre quién se cargó a su primo.

—Yo no estaría tan seguro, parcero. Son unas alimañas. Yo llevo años intentado deshacerme de ellos. Y usted no se imagina lo jodido que es. Costello era tremendo imbécil, pensaba que en Venezuela nadie se lo iba a bajar y mire… Por eso yo quiero tenerlo a usted a mi lado, parcero, ¿me entiende? Por eso lo mandé a llamar.

—Por supuesto, y me alegra que lo haya hecho. Como le digo, en lo que sea que yo pueda ayudar, cuente conmigo.

—Verraco, parcero. Dígame, ¿se regresa hoy mismo?

—Pues teníamos pensado regresar de inmediato, pero…

—Porque hoy tenemos una fiestica aquí con unas amigas… Usted sabe, unos culitos… Si quieren se pueden quedar, hay espacio para todos, y mañana cuadramos la carga y la mandamos para el Táchira, ¿si va?

Observé al Mamaco y a mis demás hombres. Todos parecían excitados con la propuesta: emocionados, expectantes.

—¿Qué dicen?

—Por nosotros no hay problema, patrón —se adelantó el Mamaco.

—Pues yo todavía estoy un poco jodido, ya usted sabe don Méndez…

—Dígame Tino, parcero.

—Bueno, Tino, yo todavía ando jodido por la balacera. No sé si sabe que recibí dos disparos, pero si estos manes se quieren quedar, nos quedamos. Un par de pases y quedamos como nuevos, ¿sí o qué?

—Por supuesto, parcero. Va a probar la cocaína más pura de toda Colombia. Una vaina que nunca les va a llegar a Venezuela. Esto sí que es la meca de la droga.

—Dicho está entonces: aquí nos quedamos.

[…]

El anfitrión de la mansión del Tino Méndez nos escoltó a diferentes habitaciones. Cada habitación tenía cama matrimonial, plasma de 42 pulgadas, aire acondicionado, pequeña nevera, baño privado con jacuzzi… Allí nada quedaba al azar. Sin duda, los quinientos kilos que vine a buscar para este tipo son solo un pelo de la nariz. ¿Por qué se habrá fijado en mí? ¿Realmente sería por el hecho de haberme bajado a Costello y nada más? ¿Qué vio este tipo en mí? ¿Qué vio José Pasto? No lo sé, pero tampoco soy tan inocente.

A eso de las seis de la tarde me tumbé en la cama y dormí un rato. Desperté casi a las ocho. Puse a calentar el agua y a llenar el jacuzzi para sumergirme un rato. Luego abrí la nevera, cogí una cerveza fría y me metí en el agua a disfrutar de la vida. "¡Puta mierda, esto sí es tener nivel!", pensé.

Tras relajarme durante más de media hora en el agua, salí del jacuzzi, me sequé y fui a vestirme, en eso llamaron a la puerta.

—¿Quién es?

—Johnny, señor. Lamento molestarlo, pero el comandante me ha pedido que venga a traerle ropa limpia.

¿Ropa limpia? ¡Mierda!... Abrí la puerta y allí estaba el anfitrión de Tino Méndez.

—¿Todo bien? —preguntó amablemente.

—Sí, por supuesto, ¿y esa ropa qué? —dije, señalando lo que llevaba en el brazo.

—El comandante imaginó que no traían ropa para cambiarse. Y como ahora tendremos una fiesta, quiere que se sientan cómodos. ¿Esta camisa le quedará bien? Es talla M.

—Sí, perfecto. Muchas gracias.

Cerré la puerta y coloqué la camisa y la ropa interior sobre la cama. ¡Maldita sea, hasta ropa para los invitados tiene el hijo de puta! Fui a la nevera y abrí otra cerveza. "En este momento, lo único que me hace falta es una línea de cocaína y una puta mamándome el huevo", pensé.

[...]

Pasadas las nueve de la noche bajé a la sala. No había nadie. De pronto sale Johnny de una habitación.

–Señor.

–¿Dónde están todos?

–Ya están todos en la fiesta. Sus compañeros ya se han ido allá.

–¿No es aquí en la casa?

–Sí, es en la hacienda, pero en el salón de fiesta. Venga, acompáñeme, lo llevaré hasta allá.

Seguí a Johnny por los pasillos de la casa hasta llegar a la puerta trasera, luego de recorrer otra parte de la mansión me percaté que era mucho más grande lo que parecía. Salimos a un enorme jardín bordeado por un camino de piedras. Al final había otra edificación, desde la cual salía música a todo volumen.

–Ese es el salón de fiesta, señor. Adelante, lo están esperando.

Ingresé al salón. En la entrada estaba el Mamaco con una sonrisa de oreja a oreja, cortejando a un par de mujeres. Había unos doce hombres y treinta mujeres, aproximadamente. Un grupo de vallenato animaba la función y en la barra tres camareros servían licores.

–¡Patrón, patrón! –gritó el Mamaco–. Venga, quiero presentarle a unas amigas. Ella es Gloriana, y ella es Estela.

–Hola, mucho gusto, Luis Restrepo –dije.

El Mamaco se quedó hablando con las dos mujeres y yo seguí mi camino hasta la barra para pedir un trago. En el camino, me encontré con Tino Méndez.

—Restrepo, por fin baja, parcero, llevamos rato acá, ¿se quedó dormido?

—Un poco, la cama estaba sabrosa.

—Bueno, parcero, prepárese porque la noche es joven. Vaya y tome lo que quiera. ¿Ve todas las mujeres que están aquí? Elija, esto es para compartir.

—Gracias, Tino.

—Más tarde hablamos, mijo.

Tino Méndez desapareció rápidamente entre la gente. Yo seguí hasta la barra y pedí un trago. Un hombre sentado a mi lado me saludó.

—¿Eres Luis Restrepo? —me preguntó.

—Sí, señor, mucho gusto, ¿y su nombre es?

—Yo soy Jabinson Bermúdez, el sicario del Tino.

—Mucho gusto. Te voy a presentar al Mamaco, el hijo de puta es un maestro con las pistolas.

—¿Ese es tu sicario?

—Nosotros estamos empezando, ya sabe usted, pero ese carajo es como mi mano derecha. ¡Mírelo! Está allá con las dos viejas esas. Las mujeres y el perico son su única debilidad.

—¿Es que hay algo más sabroso que el culo de una vieja, mijo?

—Nada, nada, por supuesto —repliqué de buena

gana.

—Que placer conocerlo, parcero.

—Igualmente. Oiga, si no es mucha molestia, quisiera preguntarle, ¿cómo sabe usted de mí? ¿De dónde me conoce?

—Pues a ver, hombre, ¿no fue usted el que se bajó al perro inmundo de Costello?

—Sí, claro, ¿era tan duro el hijo de puta ese?

—No, qué va, ese lo que era es tremenda marica, pero el patrón está feliz de que usted se lo haya bajado.

—¿Y eso por qué?

—A ver, parcerito, aquí entre nos, eso fue un peo de faldas: el Costello le quitó una hembra al Tino, y desde ahí le cogió arrechera.

—¿De verdad? ¿Todo el lío es por eso?

—Por supuesto, ¿usted que creía?

—No lo sé, la verdad no sé me ocurría nada... ¿Puedo preguntarte algo?

—Por supuesto, parcero.

—Si él tuvo un problema con Costello, ¿por qué no lo mató el mismo?

—Oiga, porque los primos de ese perro inmundo son unas lacras, y el patrón no quería meterse en problemas con ellos.

—¿Kevin y John? —pregunté.

—No, no, parcerito, esos no, esos son simples cachorros que no le hacen cosquillas ni a una gallina. No, me refiero a los primos del cartel de

Cali, esos sí que son unos perros rabiosos, por eso el patrón dejó las cosas de ese tamaño. Pero cuando se enteró que usted se bajó al Costello brincó en una pata.

—Ahora entiendo…

—Usted no se preocupe, parcero. Ahora usted se halla bajo la protección del Tino Méndez. Venga, vamos a echarnos un trago.

—¡Mesero! Dos aguardientes para acá… Por los culos y por el billete, ¡salud!

[…]

Perdí la cabeza y también la noción del tiempo y de mi entorno. Todo me daba vueltas, tenía demasiado alcohol en la sangre y había jalado incontables líneas de cocaína. ¿Quién soy? ¿Cómo carajos sigo vivo?

Veo tetas, infinitas tetas, culos, mujeres… Estoy sentado en la barra, una de las putas me da sexo oral, el Mamaco sonríe mientras otra mujer se la chupa a él. Somos unos putos dioses. Miro a mi derecha, a mi izquierda. Veo un trago. ¿Será mi vaso? La música ensordece y no entiendo nada. ¿Cómo llegó la boca de esa mujer hasta mi pene? ¿En qué momento me bajó los pantalones? ¿Cuánta mierda habré consumido?

No pude acabar. Me cansé de que me lo mamase sin parar y la aparté. Me subí los pantalones y fui tambaleándome por todo el salón. Salí, encendí un cigarrillo… Me fui de lado y ya no supe más.

—Señor, ¿está bien?

Alguien me hablaba. Todo estaba oscuro y de repente me di cuenta.

—Señor, señor, ¿cómo se siente? ¿Desea que lo lleve a la habitación?

Abrí y cerré los ojos. Hay vidrios rotos a mi costado. ¿Qué hora es? ¿Por qué no ha salido el sol?

[…]

Abrí los ojos, ¿qué mierdas pasó anoche? No lograba recordar absolutamente nada y sentía terribles puntadas en la cabeza. Miré mi reloj. Eran las cinco. ¿Cómo? ¡Cinco, cinco de la tarde! ¿Perdí la conciencia? ¿Me desmayé? Intenté pararme, pero me dolían todos los músculos y mi cabeza. Quién sabe desde hace cuánto no me echaba semejante borrachera. ¿Cómo habrá logrado el alcohol vencer tal cantidad de cocaína? Que alguien venga, por favor…

[…]

Media hora después el sirviente del anfitrión llamaba a la puerta del cuarto.

—Señor, ¿está bien? ¿Necesita algo?

—Pasa, pasa por favor, entra.

Johnny abrió la puerta e ingresó a la habitación, sus ojos dilataron al verme. ¿Daba tanto asco mi aspecto?

—¿Se encuentra bien, señor? —preguntó nerviosamente.

–Tráeme agua, por favor. Necesito hidratarme.

–De inmediato.

El sirviente bajó corriendo y en un par de segundos ya estaba de nuevo en la habitación con una jarra de agua bien fría en la mano.

–¿Por qué no me llamó antes? –preguntó con el aliento cortado.

–Casi no puedo ni moverme –contesté luego de beber un sorbo de agua-. Creo que abusé de mi cuerpo.

–¿Necesita otra cosa? Puedo buscarle suero si quiere.

–Sí, por favor, eso me caería bien… Y un par de aspirinas.

–Ahora mismo.

¿Así que el dinero también puede comprar estas cosas? Un sujeto capaz de limpiarle el culo a uno y a sus amigos, y de hacerlo con la mejor disposición del mundo.

Johnny volvió casi al instante.

–Aquí tiene, señor, ¿desea comer algo?

–Dame un tiempo para reponerme. Debería estar mejor en un rato. No te preocupes, me tomaré esto, cerraré los ojos e intentaré descansar un rato. Luego bajaré. Dile a mis hombres que nos marcharemos mañana.

–No se preocupe, señor, ellos tampoco se han levantado todavía. El Mamaco se durmió apenas hace un par de horas.

—¿Y yo a qué hora me dormí?

—Lo subí a la habitación a las cinco de la madrugada.

—¿Eras tú el que me hablaba?

—Sí, señor.

—¿Consumí mucho? No entiendo cómo he podido borrarme así.

—Lo lamento, pero no sabría decirle, señor. Estuve muy ocupado atendiendo a todos los invitados.

—¿Cuánto tiempo llevas trabajando para el Tino Méndez?

—Muchos años, señor.

—¿Puedes especificármelo?

—Desde que tengo trece.

—¿Desde los trece?

—Sí, señor.

—¿Qué edad tienes ahora?

—Veintiséis.

—¿Y te gusta tu trabajo?

—El señor Tino me lo ha dado todo.

—Pero, ¿te gusta?

—Llevo toda la vida en esto, no me puedo quejar.

—Comprendo.

—¿Algo más, señor?

—De momento no, gracias por todo, Johnny.

—Para servirle.

[…]

Luego de hidratarme, pude dormir durante poco

más de una hora y cuando desperté era otra persona. Mis músculos seguían adoloridos, pero mi cabeza ya no era un hervidero, ya podía valerme por mí mismo. Me puse de pie y fui al baño. Estaba tan agotado que tuve que sentarme en la poceta para orinar. Expulsé líquidos durante más de un minuto. Con las pocas fuerzas que me quedaban, me metí a la ducha con agua fría para revitalizarme. Un pase habría sido lo mejor en esos momentos, pero, ¿estaría bien? ¿No acabaría matándome con una sobredosis?

Volví a la habitación y me vestí para bajar al salón. Al observar el reloj me percaté que ya estaba anocheciendo, eran pasadas las siete. Bajé las escaleras y me dirigí al comedor principal. Se escuchaban risas a lo lejos. Allí estaban el Mamaco, Alirio, Begonio, el Tino Méndez y un par de sus hombres tomando cerveza.

—¡Parcero! —gritó el Tino Méndez-. Finalmente ha despertado, llevábamos rato esperándole, ¿qué me le pasó, mijo? ¿Mucha caña anoche?

—Parcero, usted sabe, después de recibir unos tiros el cuerpo a uno le queda destartalado.

—Venga, tome asiento, ¿quiere una cervecita?

—Realmente, preferiría comer.

—Por supuesto, parcero. Johnny, venga acá, tráigale a mi amigo Luis Restrepo un sancocho pa' que se le quite esa pea.

—Cuéntenme —comenté dirigiéndome a todos los

presentes-, ¿cómo terminaron la noche?

—Ni se imagina, patrón —contestó el Mamaco—. Se perdió lo mejor de todo. Amanecimos con todas esas mujeres en pelotas metidas en la piscina. Yo metí el huevo en todas partes, no sé cuántas vaginas me habré comido anoche. Hasta Begonio debe tener gonorrea —sentenció Mamaco y todos se echaron a reír.

—Cuente, mijo, ¿por qué se fue tan temprano? —preguntó el Tino Méndez.

—No lo sé — respondí-, creo que debe ser por todo el tiempo que no tomaba. Me volví mierda.

—Yo estaba preocupado por usted —dijo el Begonio.

—Qué va, todo bien, dormí como una piedra. Regresamos mañana, ¿no? Hay cosas por hacer.

—Parcero, deje los negocios para después —acotó Tino Méndez-. No se preocupe, venga y tómese el sancocho. Después, usted y yo resolveremos unos temitas pendientes.

En eso se acerca el Johnny con el plato, lo sirve en la mesa y me alcanza una cuchara.

—Pruébelo y verá… No hay mejor sancocho en todo el norte de Santander.

[…]

Un par de horas después los muchachos subieron a sus habitaciones. Estaban exhaustos por los excesos de la noche anterior. A la mañana siguiente debíamos volver a casa. No sabía nada de Erika, Clara o Luciana. Necesitaba volver cuanto antes.

El Tino Méndez me invitó a dar un paseo por las afueras de la hacienda. Pedí que tomáramos asiento para hablar puesto que no me sentía lo suficientemente fuerte. Nos sentamos alrededor de la piscina. Me costaba creer que ese lugar que habíamos destrozado la noche anterior ya lucía totalmente impecable: no había un solo rastro del salvajismo de la noche anterior.

—¿Entonces, te vas mañana, Luis Restrepo?

—Sí, Tino, ya es hora. Mi mujer… Bueno, usted sabe, las mujeres me van a colgar. Aquí no hay cobertura, no tengo forma de comunicarme con ellas.

—Pues así es como debe ser, parcero, que aprendan que no pueden estar vigilándole los pasos a uno todo el tiempo. Si no tienes cobertura en tu lugar de trabajo, puedes irte a China o Indonesia si te pica el culo. Y si te preguntan, pues estabas encerrado trabajando, ¿quién va a decir que no?

—Lo tienes todo pensado, ¿no?

—Gajes del oficio, parcero.

—Cuénteme, Tino, ¿cómo vamos a hacer con la carga?

—Mire, parcero, le voy a hablar claro. Yo le estoy muy agradecido por lo que hizo. Quiero que trabaje conmigo. Y solo le voy a pedir fidelidad.

—Eso no tiene ni qué dudarlo…

—Yo mismo me voy a encargar de ponerle la droga mañana donde usted quiera. Y como estoy agradecido con usted, solo le voy a cobrar la mitad de la carga.

—Uy, parcero, usted está siendo demasiado generoso conmigo.

—No se preocupe por eso, Luis Restrepo. Necesito gente como usted a mi lado. Pero insisto, tiene que estar conmigo para cualquier cosa.

—En las que sea, parcero. No se preocupe. Pero… ¿Y José Pasto?

—¿Qué pasa con él?

—¿No hay problemas de lealtades? Es decir, si voy a trabajar para usted.

—Mijo, yo mismo lo mandé a pedir. Hace unos años, José Pasto empezó conmigo igual que usted. Y ahí lo ve, encaminado. Pero tiene que saber que al que se me tuerce, yo mismo me lo bajo. Hasta ahí me llega la camaradería.

—Sé muy bien cómo funciona todo esto.

—Me alegra. Manténgase a mi lado y va a ver que todo irá bien.

—Gracias parcero, ahora, ¿puedo hacerle una pregunta?

—Por supuesto, hágale.

—Ayer hablaba con Jabinson, su sicario. Él me dijo que hay un cartel bien verraco en Cali, que son los primos de Costello. ¿Debo tener cuidado con ellos?

—Mire, Luis Restrepo, en este mundo usted tiene que desconfiar hasta de su mamá, y dormir con tres ojos abiertos.

—Entonces...

—Protéjase, cuídese, yo también lo ayudaré a protegerse. De ahora en adelante lo que es con usted es conmigo.

—Entonces debo estar mosca.

—Como un conejo rodeado de leones. Y, además, Luis Restrepo...

—¿Sí, señor?

—El hombre que maneja los billetes no mete el cuerpo para echar plomo, ¿me entiende? Para allá van son las ratas...

—Lo sé, ese es el acuerdo que tengo con José Pasto.

—¿Con Pasto? ¿Cómo así?

—Bueno, alguien debía dirigir el atentado.

—¿Eso te dijo Pasto? Hmm, que no vuelva a suceder. Esté atento al teléfono. La próxima semana tengo que enviar unos cargamentos desde Venezuela para Aruba y México, ¿cuento con usted?

—Por supuesto, señor.

—Ahí es que está la buena plata, mijo, ya va a ver. Péguese conmigo y va a crecer como nunca se imaginó. Vaya buscándose más gente. Necesito que usted se sienta seguro. Y cuídeme al Mamaco, ese es un tigre, se le nota en la cara.

5

A la mañana siguiente, salimos de la hacienda del Tino Méndez a primera hora. Fuimos escoltados hasta las afueras por un par de motorizados. Al volver a cruzar la frontera con Venezuela, encendí mi teléfono y de inmediato comenzó a vibrar anunciando cientos de mensajes y llamadas perdidas. Tal como lo esperaba, las llamadas eran de Erika, Luciana, y… ¿Qué pasa con la madre de Erika? ¿Ningún mensaje? Qué extraño.

Intenté devolverle la llamada a Erika, pero me respondía la contestadora. ¿Por qué tendría Erika el teléfono apagado? Como la llamada no entraba, desistí, y entonces empecé a llamar a Luciana.

—Amor, ¿cómo estás? ¿Qué pasa contigo? ¿Por qué desapareciste así? Me tenías enormemente preocupada, ¿dónde estás?

—Espera, una pregunta a la vez. Estaba

trabajando. Tuve que salir del país de urgencia y recién estoy regresando.

—¿Qué? ¿Y por qué no me dijiste nada?

—Tú sabes cómo es esto, Luciana. Fue algo imprevisto, pero ya voy hacia San Cristóbal.

—Está bien, entiendo. Quiero verte Luis, ¿vienes?

—Te aviso cuando llegue, ¿te parece?

—Luis Restrepo, no me estarás evitando, ¿no?

—Por favor, Luciana, ¿de dónde sacas esas ideas?

—Estos días me he sentido mal, muy sola. He tenido muchas náuseas, necesito que me acompañes al médico.

—¿Y por qué no has ido? —pregunté nerviosamente.

—No quise ir sola, no quiero que piensen que soy una de esas madres solteras a las que embaraza el viento. ¿Tú sabes lo humillante que es eso?

—Por Dios, ¿y a ti qué te importa lo que piense la gente?

—Parece que no sabes cómo es la gente en esta ciudad.

—Ya, ya, está bien, no te preocupes. Pronto estaré contigo.

—Llámame apenas llegues, ¿sí?

—Tengo varias cosas por hacer, pero te llamaré, lo prometo.

—Está bien, te estaré esperando.

Después de hablar con Luciana, intenté llamar una vez más a Erika, pero su teléfono seguía apareciendo apagado. ¿Y para qué me llamaba su madre? Era muy raro, pero no quería hablar con esa vieja atravesada.

A unos kilómetros de Capacho se creó una cola enorme producto de la colisión de un par de vehículos.

—Mejor habría sido quedarnos en la hacienda, jefe. Allá nos dábamos una vida de reyes —dijo el Mamaco.

—Tenemos que trabajar. Si quieres llegar a tener la mitad de lo que tiene ese bastardo tenemos que echarle bolas.

—¿Y qué haremos con el nuevo cargamento? —acotó el Begonio.

—Tranquilos, lo tengo todo controlado. El Tino Méndez nos hará el envío de la carga. Vamos a abrirnos a nuevos negocios, ya les iré contando. Pero mientras tanto les advierto que vamos a tener que reclutar nuevos cabritos para la organización. Tenemos que agarrar carajitos inocentes dispuestos a matar por diez centavos.

—Yo me encargo de eso, patrón —respondió el Mamaco.

[...]

Llegamos a San Cristóbal a las nueve de la mañana, luego de atravesar las montañas andinas. Llovía en extremo, las gotas chocaban contra el parabrisas del auto con brusquedad, parecía que el cielo estaba por caerse y los truenos azotaban

la ciudad. ¿Quería decirme algo ese clima nefasto?
—Vamos a la inmobiliaria del barrio obrero,
Begonio —ordené.
—¿A cuál, patrón?
—Tú ya sabes: a la que queda por la carrera 14,
cerca de la arepera. Debo concretar la compra de
la casa.
—Sí, señor, de inmediato.
El Begonio condujo a través del pavimento
mojado de la ciudad y se abrió paso hasta llegar a
la oficina inmobiliaria. Estacionamos y esperamos
a que la lluvia parase un poco. Nos resguardamos
de la lluvia aproximadamente unos veinte
minutos. Aproveché para llamar a Erika un par
de veces, pero seguía sin contestar. "¿Dónde
carajos se habrá metido esta mujer?", pensé.
Cuando la lluvia disminuyó y solo caían leven
gotas de llovizna, abrí la puerta del auto y salí.
—Mamaco, bájate conmigo.
—De inmediato, patrón.
Tras tocar el timbre, la recepcionista nos abrió la
puerta. Era una morena corpulenta enfundada en
una minifalda, con medias rojas y un culo del
tamaño del cielo. El Mamaco no dudó en
bucearla y echarle un par de piropos. Le pedí que
se comportara y me dirigí a la mujer.
—Mucho gusto cariño, mi nombre es Luis
Restrepo.
—Un placer, señor Restrepo. ¿En qué le puedo

ayudar?

—Estoy interesado en adquirir una de las casas de Colinas de Pirineos.

—Por supuesto, señor. ¿De casualidad sabe el nombre de la casa?

—Mmm, no lo recuerdo, pero podría darte las especificaciones y la ubicación precisa, así sabrás a cuál me refiero.

—¿Desea asesoramiento para el préstamo del banco?

—De hecho, no pensaba pedir el préstamo. Tengo efectivo. Pagaré de inmediato. La casa es para mi mujer, quiero darle la sorpresa.

—Claro que sí, señor. Lo comunicaré con mi jefe para que puedan hacer los trámites correspondientes.

—De acuerdo.

La mujer levantó su pesado trasero de la silla y se dirigió a la oficina del jefe. Golpeó la puerta un par de veces y nadie atendió, entonces se aventuró a abrir la puerta. Tardó un par de segundos y luego volvió a la mesa.

—Lo lamento, señor Restrepo, pero mi jefe no se encuentra en estos momentos. ¿Le gustaría volver por la tarde o desea esperarlo?

—¿De cuánto tiempo estamos hablando?

—Si gusta, puedo llamar y preguntarle.

—Hágalo, por favor.

—Disculpe, debo entrar de nuevo a la oficina,

desde ese teléfono puedo llamar a mi jefe.

La recepcionista volvió a despegar el trasero del asiento. Caminaba con una actitud sensual. Se perdió entre los vericuetos de la oficina y desapareció por un par de minutos.

—Patrón, esa morena está para sacarle los ojos a punta de huevo —comentó el Mamaco.

—Tranquilízate, Mamaco, no puedes actuar como un perro en celo cada vez que miras a una mujer. Cuando menos lo pienses te vas a meter en líos gordos.

—Ay sí, ahora usted es un santo, pues —bromeó.

—No, por supuesto que no, pero debes ser más elegante. No todas las mujeres se conquistan con vulgaridades.

—Así son las del barrio, patroncito. Así fue que aprendí.

—Sí, Mamaco, pero ya saliste del barrio, las cosas ahora son diferentes. Si quieres encontrarte una buena mujer debes actuar con prudencia. Ahora somos hombres importantes. No puedes andar con una regalada de esas que se venden por un par de billetes.

—Tiene usted razón, patroncito

La mujer salió una vez más de la oficina del jefe, se acercó con prudencia, tomó asiento y cogió aire antes de dirigirse nuevamente hacia nosotros.

—Señor, mi jefe pide disculpas por la demora. Está atascado en una cola de gasolina… Usted sabe cómo son las cosas ahora. Me ha dicho que tardará unos veinte minutos más. Si gusta, puede esperarlo. ¿Desea un poco de café o un té?

—¿Tienes agua?

—Sí, por supuesto.

—Entonces me traes un vaso con agua, por favor.

—¿Y para usted, señor? —dijo, dirigiéndose al Mamaco.

—Lo que tú quieras, mamacita.

—De acuerdo, agua para los dos. Enseguida vuelvo.

Las imprudencias del Mamaco a veces me molestaban, pero a veces me causaban gracia: me sorprendía lo salvaje y campesino que podía llegar a ser. ¿No se daba cuenta de que las mujeres sienten asco ante ese tipo de hombres?

Intenté nuevamente llamar al teléfono de Erika. Seguía apagado. No pude evitar entonces empezar a enfurecerme.

—¿¡Dónde estará la perra inmunda esta!? —dije en voz alta.

—Uy, patroncito, ¿qué le pasa? —preguntó el Mamaco.

—Es la puta de Erika… La estoy llamando desde que salimos de la hacienda del Tino Méndez. Y no responde. ¿Qué estará haciendo?

—Tranquilícese, patrón, a lo mejor se le dañó el teléfono. Puede haberse quedado sin batería, o alguna cosa de esas.

–No es excusa. Ella sabe que debe estar pendiente del teléfono.

–¿Y su madre? ¿Por qué no la llama? Seguro que ella sabe dónde está Erika.

–Antes de hablar con esa vieja inmunda, prefiero morirme.

–Tranquilícese, patrón, de aquí nos vamos directo para allá.

–Me dan ganas de no comprarle la casa a esa maldita.

–Pero no piense mal, patroncito. Y no se preocupe, igual los ladrillos quedan a su nombre, ¿o pensaba ponerla a nombre de ella?

–Tienes razón, Mamaco. Y no, para nada. Llegué a pensarlo, pero ahora con todo esto, ni loco.

La mujer volvió con los vasos de agua en una bandeja.

–¿Se les ofrece algo más? –dijo la amable morena.

–¿Puedo fumar aquí? –pregunté.

–No, lo siento, pero si gusta, atrás hay una terraza donde puede hacerlo.

–Muchas gracias.

Me levanté y avancé hacia el lugar señalado por la mujer. Cuando iba por la mitad del pasillo, giré para insistirle.

–Por favor, dile a tu jefe que se apure, estoy urgido. Él verá si le conviene más vender una casa que cargar gasolina.

[…]

Quince minutos después entraba a la inmobiliaria un calvo con el traje mojado por la lluvia. Respiraba agitadamente.

—Buenos días, señor, disculpe la demora. Usted sabe cómo están las cosas en el país.

—Sí, sí, por supuesto —le respondí—. ¿Tú eres el dueño de la inmobiliaria?

—Sí, señor.

—Quiero la casa de Colinas de Pirineos.

—Aguarde, pasemos a mi oficina ¿Se le antoja algo de tomar? ¿Agua, café, té?

—No, gracias, ya nos han atendido. Solo quiero concretar el negocio. Estoy apurado.

—De acuerdo, pase usted.

El sujeto colgó su abrigo en un perchero, abrió la puerta de su oficina y me invitó a pasar. El Mamaco me siguió y tomó asiento a mi lado. El sujeto se cruzó de piernas y dijo:

—Cuánto lo lamento, ni siquiera nos hemos presentado... Mucho gusto, mi nombre es Andrés Escalante.

—Mucho gusto, Andrés. Yo soy Luis Restrepo y él es mi compañero, le dicen Mamaco.

—Un placer.

—Ahora hablemos de negocios.

—Por supuesto. Mi secretaria me comentó que tiene interés en una de las casas en Colinas de Pirineos.

—Sí, quiero una casa que está en Colinas de

Pirineos, pero no cualquiera de ellas.

—¿Cuál de todas, señor?

—Está en la parte alta, dominando una esquina. Es blanca, de construcción moderna. La secretaria me dijo que seguramente era una de estilo minimalista que está en la calle 7.

—Ah, por supuesto, esa es una de las casas diseñadas por Alejandro Cadenas. Si no me equivoco, esa se llama "Saturno". Cada una de esas casas lleva el nombre de un planeta.

—Entonces seré el dueño de Saturno —comenté irónico.

—Señor Restrepo, precisamente eso le quería decir: lo siento mucho, pero Saturno ha sido adquirida por el señor Daniel Mendoza.

—¿Cómo? —exclamé entre furioso e incrédulo.

—Daniel Mendoza. Es uno de los dueños de la constructora que hizo el desarrollo inmobiliario.

—Pero eso es imposible. Yo llamé a esta oficina la semana pasada y me dijeron que estaba disponible.

—Sí, pero me ha llamado Daniel y, usted sabe, me ha pedido esa casa.

—Pues dígale que ya no será posible, porque esa casa es mía.

—No puedo hacer eso, señor. Lo siento, pero aún tenemos disponible Mercurio, Urano, y Júpiter.

—Y yo tengo disponible el hueco de mi culo. ¿Quieres vivir ahí, maldito? —le grité.

–Lo lamento, señor, pero no debe tomar esa actitud. El señor Mendoza ha pedido la casa primero.

–No, eso no es cierto, la he pedido yo. Le agradeceré que le notifique que esa casa es mía.

–Señor, creo que está siendo un poco irracional.

–¡Irracional! ¿Irracional yo? No señor, para nada, no conoces mi lado irracional.

–¿A qué se refiere?

–No creo que quieras averiguarlo.

–Señor Restrepo…

–Escúcheme bien usted. ¿Qué haría su mujer? Usted tiene mujer, ¿no? ¿Qué haría su mujer si usted le promete que le va a regalar Saturno y de repente le aparece con Marte o la Luna? ¿Estaría contenta?

–Señor, pero las casas son iguales, la única diferencia es el nombre.

–Y China y Estados Unidos son iguales, la única diferencia es el nombre.

–Creo que su reacción está fuera de toda proporción, señor.

–No, para nada, usted no sabe lo que dice.

–Esa no es mi intención, señor. Solo deseo llegar a un acuerdo, para que usted adquiera la casa que le guste.

–Por supuesto, entonces si quiere que lleguemos a un acuerdo, llame al maldito ese y dígale que Saturno es mía.

—Pero, señor Restrepo…

—Dios mío, este tipo no aprende. ¡Dame la pistola, Mamaco!

—Pero, pero…

—Claro, patroncito, no se ensucie las manos usted. Yo mismo me bajo a este man… ¡Por payaso!

—No, no, esperen, creo que podemos llegar a un acuerdo.

El Mamaco puso su pistola en la frente de aquel calvo imbécil.

—El único acuerdo es que firmemos de inmediato los papeles de la casa. Y yo le transferiré el dinero en el acto. No quiero otra casa, quiero la que le dije. Así que llame al maldito Daniel ese y dígale que se busque otra.

—Sí, señor, está bien, pero, por favor, tranquilícese.

—Pero si yo no estoy alterado, solo estamos haciendo negocios.

—Voy a llamar a mi secretaria para pedirle que prepare los papeles.

—Vaya, pero no se le ocurra escapar, porque sabemos dónde vive y dónde trabaja. Si intenta escapar no durará vivo dos días.

—No, para nada, usted firmará los papeles y yo luego le explicaré al señor Daniel Mendoza que hubo un malentendido.

—¡Perfecto! ¿Ve que no era tan difícil llegar a un

acuerdo?

—¿Entonces? ¿No le vuelo los sesos al perro inmundo este? —dijo el Mamaco.

—No, no hay necesidad —respondí—. El señor Andrés Escalante se ha portado bien.

—Por supuesto —dijo—, no hay necesidad de llegar a tales extremos. Cerremos el negocio de inmediato, ¿cómo va a pagar?

—En efectivo, ¿le sirve? ¿En dólares?

—¿En dólares? —preguntó asombrado.

—Sí, en dólares, se los mandaré a traer a la oficina a final de la tarde.

—Pero son ochenta y cinco mil dólares, señor.

—Perfecto, aquí estarán a final de la tarde.

El estúpido calvo abrió la boca sorprendido. Tardó un par de segundos en reaccionar y luego se levantó de su asiento.

—Iré a buscar los papeles. ¿Le parece si le doy el contrato, estampa su firma y cuando vuelva con el dinero se lo regreso firmado?

—Por supuesto, ¿y eso será todo?

—No. Ese solo es nuestro contrato privado, después deberemos hacer los trámites correspondientes para notariar el documento y registrarlo.

—De acuerdo, sea lo que sea hagámoslo ya.

El imbécil abandonó la oficina, y en cuestión de minutos estaba de vuelta con el contrato. El texto especificaba que el señor Luis Restrepo adquiriría

la casa Saturno, ubicada en Colinas de Pirineos.
Firmé el contrato y luego me despedí.

—Fue un placer hacer negocios con usted. Por la tarde enviaré a uno de mis hombres con el dinero y usted le entregará el contrato. Que esté muy bien.

El calvo de mierda no dijo nada, guardó silencio, parecía en estado de shock.

6

Salimos de la inmobiliaria y de inmediato le pedí al Begonio que condujera hasta la casa de Erika. Su desaparición me tenía totalmente intrigado. Quizás era por eso que estaba tan irritable.

—¿Dónde queda la casa de su mujer, señor? —preguntó el Begonio.

—La de su madre querrá decir...

—Lo siento, a eso me refería.

—Baja por Barrio Obrero, dale por el IUFRONT. Luego te indico.

Camino a casa de la madre de Erika, recibí un mensaje de Esmeralda.

—¿Por qué tan perdido, cariño? Pensaba que querías verme.

Lo sabía. Tarde o temprano todas las perras caen, nadie puede resistir la tentación del dinero.

No respondí. Me concentré en el camino, porque

estábamos llegando a la zona donde vive la madre de mi mujer.

—Cruza aquí a la izquierda, Begonio, luego bajas doscientos metros y te estacionas a la derecha.

—Sí, patrón.

El Begonio estacionó la camioneta a un lado de la acera. Todo parecía normal, pero de repente comencé a sentir cierta ansiedad. ¿A qué se debía que Erika no respondiera a mis llamadas? ¿Estaría con otro hombre? ¿Me haría perder la cabeza?

Bajé de la camioneta. El Mamaco me siguió.

—No vaya solo, señor —advirtió.

No le presté atención, me acerqué a la puerta y comencé a golpear con fuerza.

—¡Erika, Erika! ¿Estás ahí? Ábreme, estoy afuera —gritaba-. ¡Erika!

—Patrón, parece que no hay nadie —dijo el Mamaco.

—¿Cómo que no? ¿Dónde está esa desgraciada? ¡Erika!

—¿Y si llama a su madre, señor?

La cerradura de la puerta hizo un ruido desde la parte interna...

—Ahí está —le dije al Mamaco.

La puerta se abrió y apareció la madre de Erika. Me miró a los ojos. Vi que los tenía rojos de tanto llorar. Sentí el odio que emanaba su alma. A sus espaldas, todo estaba destruido: los muebles rotos, los cuadros por el suelo, hay cristales quebrados por todas partes…

—¿Qué pasó? ¿Qué ha pasado aquí? —le pregunté.

—Lárgate, Luis Restrepo. No quiero volver a verte más nunca en mi vida.

—¿Dónde está Erika? ¿Dónde está mi hija? Necesito verlas, hablar con ellas.

La puta de mi suegra quiso cerrarme la puerta en la cara. La detuve e insistí…

—¿No lo entiende? No he venido por usted, he venido a ver a mi mujer y a mi hija.

—Llegas muy tarde, Luis Restrepo.

—¿De qué está hablando? Dígame dónde está mi familia —insistí.

—¿Tu familia? Tu familia ya no existe, Luis Restrepo.

—¿De qué me está hablando?

—¡Lárgate! No quiero volver a verte nunca. Todo es por tu culpa.

—Espere…

—Me has quitado todo. ¡Todo! No me quedan razones para vivir.

—Pero, ¿qué dice? ¿Dónde está mi mujer? ¿Dónde está Clara?

—Tu mujer y tu hija han muerto, Luis Restrepo. Mejor dicho, las asesinaron. ¡Gracias a ti!

—¿Está loca? ¿Qué está diciendo?

—Unos malditos se metieron a mi casa y les dispararon a las dos: a Erika, en el pecho, en la pierna y en la cara. A mi pobre Clara la ahogaron mientras dormía. A mí me ataron a una silla y me obligaron a observar todo lo que hacían. Me dijeron que todo eso era una venganza por lo que le hiciste a Costello. Lárgate de aquí, Luis Restrepo. No quiero escuchar tu voz, no quiero volver a verte...

—¡Mi hija! ¿Dónde está mi hijita? —aullé como un animal herido, sin comprender.

—Ya no volverás a verla nunca más, Luis Restrepo. Tú mismo la has asesinado...

7

Respira. Respira. Respira. Respira, respira, respira, respira.
Respira, Luis Restrepo, respira.
Un trago, una línea de coca, lloro, sufro, imagino a mi hija siendo asesinada por una pandilla de cabrones, veo a Erika recibiendo todos esos disparos.
Agonizo, sufro, vuelvo a sufrir.
¡Malditos, malditos cobardes de la grandísima mierda!
[…]
Llamé a Luciana y no pude parar de llorar. Intentaba descifrar lo que sucedía, pero no me salían las palabras. Colgué el teléfono y lo apagué. El Mamaco me miraba aterrorizado, el Begonio también. Alirio contenía la respiración.
–¿Qué pasó, patrón? ¿Podemos ayudarle en algo?

Guardé silencio. No, no podían ayudarme. O quizás sí. Quizás si podían ayudarme. Teníamos que eliminar a todo aquel que hubiese tenido alguna mínima relación con el desgraciado de Costello y toda su puta familia.

–Necesito más cocaína. Vamos a casa, Begonio.

Begonio condujo a toda velocidad por la ciudad. Saltó los semáforos en rojo y siguió avanzando. El único que conoce mi padecimiento es el Mamaco, pero los otros deben imaginarlo; solo hay una razón en el mundo para que un hombre se derrumbe de esta manera.

Al llegar a casa, subí las escaleras corriendo, saqué una bolsa de cocaína y la esparcí sobre una mesa de cristal. Inhalé una, dos, tres, cuatro líneas. Bajé rápidamente a la cocina, cogí una botella de ron y empecé a beber con desesperación. Cogí mi teléfono, lo encendí y empecé a llamar a Erika. ¡Apagado! ¡No! No lo puedo creer. No puede estar muerta. ¿Está ocurriendo todo esto realmente o es una pesadilla? ¿Por qué su madre no me dejó entrar a la casa? ¿Estará mintiendo? ¿Y sus cuerpos? ¿Qué ha pasado con ellas? ¿No van a velarlas? Intenté hablar con a mi suegra. Ella no contestó. Desesperado, cogí una vez más el celular y llamé a Luciana. Detecté que era presa de una intensa agitación.

–¿Qué pasa, Luis? ¿Por qué estás así? Cuéntame…

—Es Erika, Luciana… Erika y Clara… Las han asesinado a las dos —confesé.

Se quedó callada. No atinaba a articular palabra. Naturalmente no sabía qué decir, qué pensar, qué hacer, cómo responder. ¿Qué se puede decir en un momento así? Después de todo, Erika era su prima, pero a su vez su enemiga. Si ella no sabe qué hacer, yo menos.

—¿Estás hablando en serio? ¿Estás jugando conmigo?

—¿Cómo podría jugar con eso, Luciana? Mataron a mi hija, a mi bebé, a mi inocente reina… La asesinaron… Desgraciados…

—Luis, espera, ¿estás hablándome en serio?

—¿Me crees capaz de jugar con algo así?

—No, pero no lo puedo creer. No entiendo nada.

—Quisiera que no lo fuera.

—¿Qué ha pasado? ¿Cómo es posible? ¿Dónde estás?

—En mi casa. Acabo de llegar.

—¿Qué pasó, Luis Restrepo? Dime algo…

— No entiendo nada, Luciana.

—Vente para acá de inmediato.

—¿Tú no sabías nada? —le pregunté.

—No, para nada, ¿cómo podría saberlo?

—Por tu familia. ¿Ellos no lo saben todavía? ¿No me estará engañando tu tía?

—No lo sé, Luis. ¿Cuándo sucedió esta tragedia?

—No sé, yo no sé nada…

—Vente para acá, ¿sí? Vente y hablamos. ¿No le has preguntado nada a mi tía?

—No quiere verme, no quiere decirme nada. Solo me informó que las asesinaron.

—Le diré a mi madre que llame a mi tía y que averigüe lo que pasó.

—De acuerdo, voy para allá.

[...]

Nos dirigirnos a casa de Luciana. Yo no podía aceptar que Erika y mi hija Clara realmente habían fallecido. No podía concebir que unos hijos de puta se hubieran atrevido a matarlas. Unos minutos más tarde estábamos en la casa de Erika. Salió a recibirme con la cara bañada en lágrimas, bajé de la camioneta y nos abrazamos con una fuerza inmensa, absurda.

—Yo estaré a tu lado, mi amor —dijo ella-. Yo siempre estaré para ti.

Ya no tenía dudas. Entonces, era verdad: mi mujer y mi hija habían sido asesinadas.

—Ven, pasa, te prepararé un té.

—No quiero té.

—Ven, no te quedes aquí afuera. Puede ser peligroso.

Entramos a la casa. Ya desde la sala podía escuchar a la madre de Luciana sollozando. Ella también había perdido a dos personas amadas, su sobrina y su nieta. Era muy extraño ser de pronto parte de la familia de las víctimas y, por el otro, el amante de la prima… ¿O debía decir de la tía? En fin, ya ni yo entendía nada…

Luciana fue a la cocina, yo me senté en el sofá con la mirada perdida, fija en un punto negro. Mi mente se nubló por completo. De pronto a mi cerebro empezaron a llegar las imágenes de mi hija recién nacida, la primera vez que la cargué en brazos, la primera vez que la bañé, cuando dormimos juntos, cuando tomaba mi meñique con sus dedos… Todo, todo eso acabó. Ya no existirá más. Se perdió. ¡Malditos, hijos de la gran puta!, juro que me voy a vengar, lo juro, pensé.

Cuando Luciana regresó, me dio un abrazo tratando de contener sus emociones.

–Tenemos que hablar. Sé cómo ocurrieron las cosas –dijo.

Me quedé mirándola en silencio.

–Mi madre llamó a mi tía, todo ocurrió esta madrugada.

–¿Esta madrugada? ¿Y por qué mi suegra estaba en la casa? ¿No debería estar en la policía, la funeraria, o algo?

–La policía se llevó los cuerpos y le pidieron que descansara un poco mientras los forenses hacen las evaluaciones pertinentes.

–Entonces es cierto, Erika y mi hija Clara han muerto.

–Sí, Luis.

–No puede ser cierto… Tengo que encontrarlas.

–Luis, escúchame, tienes que concentrarte en la realidad. ¿Quiénes son esos hombres que entraron a asesinarlas? No han robado nada, no buscaban nada. Entraron directamente a matarlas. ¿Tienes enemigos? ¿Mi vida también corre peligro?

–No, no sé quiénes pueden ser.

–Sé honesto, por favor. Esto es muy delicado.

–Fueron los primos del hijo de puta de Costello.

–¿Costello? ¿Quién es Costello? –insistió.

–Un maldito traqueto. Un antiguo traqueto, en realidad: está muerto ya.

–¿Y eso qué tiene que ver contigo?

Miré a Luciana a los ojos y no dije nada. Ella me observó asustada, no podía entender nada…

–Todo fue mi culpa –dije-. Si hubiese regresado ayer, lo habría evitado. Ha sido mi culpa. Mi culpa y nada más.

–No es hora de buscar culpables, Luis.

–Sí, sí lo es…

–Escúchame, esto es muy importante, ¿mi vida corre peligro?

–No, no, jamás, no dejaré que te ocurra nada a ti.

–Seguro decías lo mismo sobre Erika y tu hija Clara.

Clavé mis ojos endemoniados en los ojos de Luciana.

–Perdón –se corrigió al instante– ese comentario estuvo de más… Solo entiende que estoy preocupada, nerviosa… Como aturdida. Y asustada, claro.

—Yo te protegeré, no dejaré que te suceda nada malo. Te vendrás a vivir conmigo.

—¿Irme a vivir contigo? Acaban de asesinar a mi prima, Luis. ¡Por Dios! ¿Qué va a decir mi familia?

—No me importa lo que diga tu puta familia. Solo si estás conmigo puedo asegurar que no te pasará nada malo. No sé quiénes mataron a mi hija y a Erika, y mientras no lo averigüe vas a tener que estar a mi lado.

—¿En qué andas metido, Luis Restrepo? Nunca has sido del todo sincero conmigo.

—Por supuesto que sí, que tú no lo hayas querido ver es otra cosa.

—¿Qué le diré a mamá? ¿Que me voy a vivir con el viudo de mi prima? ¿Que yo era tu amante?

—Lo que le vayas a decir no es mi problema, tampoco me interesa. Además estamos esperando un hijo. Razón suficiente para que vengas conmigo.

—Un hijo, un hijo, Luis Restrepo… ¿Para que termine como Erika y Clara?

En ese momento sentí ganas de golpear a Luciana, pero me controlé justo a tiempo. Me quedé en silencio y me puse de pie.

—Tengo miedo, Luis…

—Mandaré por ti al final de la tarde; mientras

tanto iré a buscar los cadáveres de Erika y mi hija para velarlos como Dios manda.

—No me dejes, por favor.

—Le diré a Alirio que se quede cuidándote. Vendrán a recogerte a las seis. Quiero que empaques tus cosas más necesarias. No te faltará nada. A partir de hoy vas a vivir conmigo.

En silencio, Luciana me acompañó hasta la puerta y se despidió con los ojos inundados de lágrimas.

—Tengo miedo, Luis.

—Tranquila. Todo aquel que haya tocado a mi hija tiene las horas contadas.

8

Al salir de la casa de Luciana, me dirigí directamente a la casa de mi ex suegra. Esa mujer iba a hablar conmigo aunque tuviese que obligarla a ello. Tenía que contarme todo lo que sucedió: cómo eran los hombres, cuántos eran, en que carros andaban, las pistolas que usaron, si llevaban máscara, los zapatos, las voces, las barbas, los pantalones, las camisas, los teléfonos que cargaban, el acento de sus voces, el tamaño de sus cabezas, las palabras que más usaron, la forma en que se llamaban... Todo. Cada mínimo detalle, desde la forma en que se movían hasta la cantidad de segundos que tardaron ahogando a mi hija. Necesitaba saber si eructaron, si dijeron malas palabras, si las hicieron sufrir antes de matarlas. Cada detalle serviría para encontrar a esos hijos de puta. Los mataría sin vacilar, a ellos y a todas sus familias. El mundo finalmente conocería el verdadero poder de Luis Restrepo.

Le ordené a Begonio que condujera una vez más hasta el lugar donde fueron asesinadas mi ex mujer y mi hija. Qué extraño me sentía al hablar y pensar de esa manera. ¿Estaba por perder la cabeza? Llevaba una pistola en la mano y moría de ganas de usarla sobre cualquier inmundicia que se atreviera a cruzarse en mi camino; sobre cualquier porquería que pasase a mi lado y me hiciera sospechar que tuvo que ver, o pudiese haber sabido o evitado, lo que le sucedió a mi familia. Todos son culpables en este puto mundo. Juro que pagarán. No me importa si pagan justos por pecadores: el mundo se pudrió en el momento en que ahogaron a mi hija… ¿Quién en su sano juicio le quita la vida a una niña? ¿Qué clase de animal actúa así?

—Mamaco, pásame la botella que está en la guantera. Necesito un trago.

[…]

Bajé de la camioneta con los nervios a flor de piel. Ordené que me dejaran solo, pero que me cuidasen las espaldas. Después de todo lo que acababa de suceder, debía tener ojos en la espalda, en el suelo y en el cielo. Golpeé la puerta de la casa de mi ex suegra. Obviamente, no respondió a los primeros llamados. Insistí como un maniaco.

—Señora Elena, abra la puerta, por favor. Necesito hablar con usted.

Como era de esperar, me ignoraba. ¿Habría salido? Necesitaba con urgencia saber todo lo que sucedió.

—Señora Elena, el dolor que usted siente lo siento yo también. Le voy a decir la verdad: quiero vengarme, necesito vengarme, por eso quiero que me diga todo lo que sabe sobre esos malditos. Es solo eso, no voy a molestarla más.

La puerta se abrió.

—La única razón por la que te abro la puerta es porque yo también deseo ver a todos esos malditos hijos de puta muertos. No me importan sus razones, sus motivos… Si tienen familia, hijos y padres, quiero que mueran todos. ¡Todos! ¿Me escuchaste, Luis Restrepo? Eso es lo único que deseo para los desgraciados que se llevaron a mi hija y a mi nieta.

—Eso quiero yo también. Le aseguro que los haré pagar por todo.

—Pasa, pero no te pongas cómodo. Y dile a tus hombres que estén pendientes, ya sabes cómo están las cosas.

—Allí están, está todo bajo control.

La señora Elena abrió por completo la puerta y me hizo pasar. Me llevó a la habitación donde dormía mi hija. La policía ya había marcado la escena del crimen. Pasaba lo mismo en la sala, donde cayó abatida Erika.

—¡Malditos bastardos, juro que los haré pagar! —grité.

De pie ante esas escenas, no podía evitar pensar en lo que tuvo que sufrir Erika cuando los cabrones esos ingresaron para matarla: el miedo, la impotencia que debió haber sentido al entender que también matarían a su hija.

—¿Erika sufrió mucho?

—No tienes idea. Lloró, imploró que no la mataran. Yo estaba ahí, amarrada, con la boca tapada. Creo que en algún momento me desmayé de la impresión. Lo último que recuerdo es verla tirada en el suelo, su sangre esparcida por todas partes. Mi memoria es imprecisa, pero recuerdos sus gritos, sus súplicas, el ruido de las balas al impactar en su cuerpo.

—¿Y sus caras? ¿Recuerdas algún rasgo particular?

—No, los tipos iban con la cara tapada, pero dos de ellos eran muy altos, de metro ochenta aproximadamente. Uno de piel morena, otro cetrino, y uno bajo y gordo blanco, blanquísimo.

—¿Hablaron entre ellos? ¿Qué acento tenían? ¿Usaban palabras raras?

—Creo que a uno de ellos le decían el "sanitario"… Escuché mucho esa palabra. Si mal no recuerdo, se referían al gordo. A otro le decían el "clavo", esos son los dos apodos que recuerdo. Indudablemente no eran de aquí: tenían acento colombiano, decían cosas como "verraco", "tenaz", "chimba".

—Ya sabía yo que esos desgraciados eran colombianos.

—¿Y qué piensas hacer para encontrarlos? ¿Tienes alguna idea?

—La verdad es que no lo sé, Elena, pero conozco a alguien que estará encantando de ayudarme. Le prometo que me vengaré, así sea lo último que haga.

—Está bien. Ah, Luis Restrepo…

—¿Sí?

—Quiero estar presente cuando elimines a esos hijos de puta.

—Disculpe, doña Elena, pero se lo digo con todo respeto: no creo que sea vaya a ser posible. Estas misiones son peligrosas. El riesgo es muy alto. Habrá mucha bala por todas partes. Es el inicio de una guerra. Le aseguro que tan pronto me baje a esos piros se lo anunciaré.

—No quiero un simple anuncio. Quiero que les tomes fotografías y me las hagas llegar. Quiero ver las caras de esos desgraciados que se llevaron a mi hija para maldecirlos y asegurarme de que se irán directo al infierno.

—Usted no se preocupe por eso, yo le haré llegar las fotografías.

—Esos perros infelices no podrán más nunca vivir en paz, Luis Restrepo, promételo.

POR QUÉ PREFIERO SER UN NARCO 4

—No podrán ni siquiera vivir, lo verá. Ahora, dígame algo más…

—¿Qué sucede?

—¿Dónde están los cuerpos de mi hija y de Erika? Necesito despedirlas, velarlas.

—Ahora voy a ir a la policía para cerrar los procedimientos legales. Luego las llevaré a la funeraria para poder velarlas.

—¿Puedo ir con usted?

—Vamos, Luis Restrepo. Después de todo, usted era el padre de la criatura y el hombre de mi hija. Pero no vaya usted a creer que lo he perdonado o lo he dejado de odiar, esto es una simple tregua: una tregua para vengarnos de esos perros inmundos. Y sepa que me queda bien claro que todo esto es por su culpa.

—Prometo, doña Elena, que después de que yo elimine a esos malditos usted no volverá a saber de mí.

—Por fin estamos de acuerdo en algo. Vamos de una vez, se hace tarde.

[…]

Subí a la camioneta acompañado por la señora Elena. La presenté a los muchachos y, sorprendentemente, ella fue mucho más amable con los sicarios que lo que fue conmigo en toda su vida. No lo presté mayor atención. Le ordené a Begonio que bajara por Concordia, tomara la Marginal y se dirigiera a la estación del Cuerpo de

Investigaciones Científicas, Penales y Criminalísticas. Había mucho tráfico, debido a una colisión entre un autobús y un pequeño Corsa. Nos fuimos haciendo paso lentamente hasta que logramos superar el escollo mayor. Al llegar al CICPC, nos esperaba un par de oficiales en la entrada.

—¿Qué hacemos, patrón? —preguntó el Begonio.

—Sí, adelante, solo diles que venimos a dejar a la señora. Ella viene a realizar unos trámites. No hay por qué dar más explicaciones.

—¿Vamos a bajarnos? —pregunta el Mamaco.

—No, ustedes no bajarán, yo tampoco. Demasiado riesgo —dije.

La señora Elena me miró aterrada, de inmediato le aclaré.

—No se haga la tonta, usted sabe muy bien lo que está pasando. No se preocupe. La esperaré aquí. O mejor, mientras usted realiza los trámites iré a la funeraria para reservar un salón. Pasaré a recogerla en una hora, ¿está bien?

—Lo estaré esperando, Luis Restrepo.

Dejamos atrás la sede de esos pacos hijos de puta…

—¿Adónde vamos, patrón? —preguntó el Begonio.

—A la funeraria. Es por el barrio obrero, frente a la iglesia Arcángel.

—¿La iglesia del Rosario?

—Esa misma, Begonio. Dale rápido, debemos

conseguir ese salón y realizar todos los preparativos.

—Está bien, jefe.

En cuestión de minutos atravesamos la ciudad, subimos por la avenida Carabobo, atravesamos el barrio obrero, subimos por la plaza Los Mangos y de allí cruzamos a mano derecha para llegar directamente a la funeraria.

—¿Lo esperamos aquí? —dijo el Mamaco.

—Tú te bajas conmigo y que el Begonio nos espere.

—De acuerdo, patrón.

Bajamos y nos dirigimos de inmediato a la oficina principal. Una de las secretarias intentó interceptarnos y nos preguntó adónde nos dirigíamos.

—¿A qué viene la gente a una funeraria, señorita? Mi esposa y mi hija han muerto. Necesito velarlas.

—Cuanto lo lamento, señor, pero debo anunciarlo para que pueda hablar con el jefe.

—¿Y tú crees que alguien me anunció que mi mujer iba a morir?

—Una vez más le pido disculpas, pero son órdenes de la empresa.

—De acuerdo, pero que sea rápido, no quiero causar problemas.

—Sí, señor, de inmediato.

La mujer alzó el teléfono y comenzó a marcar

por la línea privada. ¿De verdad todavía existen personas en el mundo usando conexiones de teléfono privadas? Movía sus labios con parsimonia, como si la muerte de mi mujer e hija no tuviesen la suficiente importancia para ella. ¿Tendría acaso que matarla a ella o a alguien de su familia para que supiese lo que se siente?

—Disculpe, el jefe está en una reunión, pero no tardará más de cinco minutos. En breve lo atenderá.

—¿Entonces cuál es tu función aquí? —pregunté.

—¿Disculpe?

—Sí, ¿qué haces aquí? ¿Para qué estás detrás del mostrador? ¿Acaso sirves para algo?

—Señor…

—¿No puedes darme un precio? ¿Hacer la reserva? ¿Avanzar algo?

—Yo solo soy la secretaria. El jefe se encarga de los presupuestos y ordena todos los procedimientos.

—Entonces, básicamente te pagan por enfurecer a la gente…

—Disculpe, pero…

—¡Jessica! —gritó una voz ronca desde la oficina—. Haz pasar al señor, por favor.

—No se preocupe, ya he visto por dónde debo ir —le dije sin disimular mi enfado.

Caminé con el Mamaco a mis espaldas hasta ingresar a la oficina. Nos recibió un gordo de mierda con tirantes en los pantalones, calvo y con un cigarrillo en la boca. Su oficina olía a mierda, muerte y cigarrillos. ¿Por qué vive gente como esta en nuestro mundo?

—Mucho gusto, señor. Yo soy Carlos Caicedo, ¿en qué le puedo ayudar? —dijo el hombre con efusividad, como si su negocio fuese el más alegre de todos.

—Mi hija y esposa han muerto —contesté con frialdad.

—Lo lamento —su voz reveló una falsedad gigantesca, pero en ese momento pensé en las incontables veces que yo había pronunciado esas palabras sin sentirlo verdaderamente y me dieron ganas de atravesarle la frente con una bala.

—Vayamos al grano. Hoy nos entregan los cuerpos, y deseamos velarlas esta noche.

—¿Esta noche? —exclamó asombrado.

—Sí, esta noche, ¿algún problema?

—No sé si tenemos disponibilidad para tan pronto —respondió.

—Pues haga un espacio, invénteselo si hace falta. Necesito velar a mi mujer y a mi hija… Esta es la mejor funeraria de la ciudad, ¿verdad?

—Sí señor, por supuesto que lo es, nos reconocen por nuestra eficacia, nuestra organización y nuestro trato.

—Entonces no me haga perder más el tiempo.

—Siendo para tan pronto será un poco costoso.

—¿De verdad, maldito gusano? ¡Mi esposa e hija acaban de morir y tú solo piensas en dinero!

—Lo lamento, pero debe comprender que tanto yo como mis empleados vivimos de esto, y necesitamos el dinero para operar. En el pasado hemos tenido problemas con otros clientes que contratan los servicios de la funeraria y luego dicen que no tienen cómo pagar. Por eso ahora pedimos el pago por adelantado —me dice.

—Eres un miserable —respondí sin esconder el asco.

—Entiendo que esté susceptible, señor, pero no tiene por qué hablarme así. Le insisto, este es mi trabajo, es como cualquier otro, como el suyo, como el de cualquiera.

—Dudo que sea como el mío —comenté.

—¿Le interesa entonces el salón? Puedo tener listo el tercer piso para las ocho de la noche.

—De acuerdo…

—Le costará…

—¡Maldita sea, al menos ten respeto por la memoria de mi hija! No quiero saber nada de dinero, sobre eso hablas con él. Él te pagará lo que necesites, pero más te vale que sea el mejor salón de todos.

—Es el mejor de la ciudad, señor —dijo, con una leve sonrisa orgullosa.

Salí enfurecido de la funeraria y me monté en la camioneta.

—¿Cómo le fue, jefecito? —preguntó de inmediato el Begonio.

—No quiero hablar de ello.

—Lo que usted diga, patrón.

Un par de minutos después salió el Mamaco. Cruzó la calle y se subió a la camioneta.

—Listo, patrón, todo arreglado.

—¿Te dio precio?

—Sí, va a cobrar…

—No me interesa lo que vaya a cobrar ese gordo miserable. Esta misma noche lo vas a matar, ¿me entiendes?

—¿Patrón?

—Mata a ese gordo hijo de puta y, si puedes, también a la secretaria. A ver si aprenden a llevar este tipo de negocios. Debes hacerlo con prudencia, que nadie se entere, mucho menos los familiares y amigos de Erika.

—¿Quiere que lo haga ahora mismo?

—No, mejor espera a que sea de día, mañana —sentencié—. Quiero ver a ese gordo miserable dentro de uno de sus lujosos ataúdes.

## 9

Volvimos a la sede del Cuerpo de Investigaciones Científicas, Penales y Criminalísticas del Estado para buscar a mi ex suegra. Tan pronto llegamos, la vimos sentada en un banco, esperándonos. Saludamos a los agentes del portón de entrada e ingresamos sin levantar sospechas. Bajé el vidrio del vehículo y la llamé.

—Ay, mijo, ¿por qué tardó tanto?

—Lo lamento, el tipo de la funeraria se puso necio, no quería cooperar. En fin, ¿qué sucedió con los cuerpos? ¿Qué vamos a hacer ahora?

—Están esperando a que demos la orden para realizar el traslado.

—Perfecto.

—¿Quieres venir conmigo para hacer los arreglos?

—No es necesario. Vaya y diga que necesitamos realizar el traslado a la funeraria Rosario. Está ubicada frente a la Iglesia Arcángel.

—De acuerdo, iré a hablar con ellos.

—El salón debe estar listo a partir de las ocho de la noche. Avise a todos los familiares que deseen despedirse de Erika y Clara.

—Por supuesto, lo haré. Espérenme, ya salgo.

La vieja Elena volvió a ingresar a las instalaciones del cuerpo policial y el Begonio me preguntó.

—Jefe, disculpe que lo moleste, pero, ¿no quiere ver a su esposa e hija?

—Si las veo en este instante creo que asesinaré al que se me cruce al frente —respondí.

—Pero, de cualquier manera tendrá que verlas, ¿no?

—No lo sé, debo pensarlo. La verdad es que no me siento preparado. Todavía no acepto que sea verdad lo que sucedió.

—Lo siento mucho, patrón.

—Tranquilo. Solo les voy a pedir una cosa.

—Hable, señor —dijeron al unísono.

—Ustedes me van a ayudar a vengarme de esos hijos de las mil putas. Voy a matarlos a todos, a descuartizarlos: a ellos, a sus hijos, sus hermanos, sus padres, sus tíos, abuelos, vecinos y conocidos. Todos los que los conozcan van a desaparecer.

—Por supuesto —dijo el Mamaco.

—No tenga dudas de esa, patrón —acotó el Begonio.

Minutos después salió mi ex suegra. Se acercó a la

camioneta y dio un golpe en la ventana.

—Ya está todo listo.

—Bien, ¿y ahora qué? ¿Vamos a la funeraria?

—Vamos adelantándonos. Ellos pedirán un automóvil para hacer el traslado de los cuerpos, pero luego deberemos pagar por eso. Mientras tanto vamos haciendo los preparativos.

—De acuerdo, suba entonces.

La señora Elena subió al auto y el Begonio encendió el motor para arrancar la camioneta, salimos del Cuerpo de Investigaciones Científicas, Penales y Criminalísticas con camino directo a la funeraria. Cuando nos bajamos, repentinamente imágenes diversas comenzaron a danzar en mi cabeza, imágenes de mi hija, de Erika, de esos días juntos en el apartamento antes de empezar con todo esto, casi me costaba creer que ya no estaban. ¿Era cierto? ¿Había sido todo esto mi culpa? De pronto el aire me empezó a faltar, me costaba respirar y fui incapaz de cruzar la calle.

—¿Se encuentra bien, patrón? —preguntó el Mamaco.

—No, no estoy bien, para nada. Por favor, Mamaco, llévame de vuelta a la camioneta, necesito un poco de cocaína.

El Mamaco me tomó entre brazos, afincado a su hombro caminé nuevamente hasta la camioneta. La señora Elena me gritó:

—¿Qué pasa, Luis Restrepo?

—Espere, me siento un poco mal, si desea vaya entrando a la funeraria. Diga que va de mi parte, que usted es la madre de la difunta. Entraré en un par de minutos, necesito tomar un poco de aire.

—Está bien, no demores, por favor.

Subimos a la camioneta y abrí la guantera, esparcí la bolsa de cocaína en el tablero e inhalé dos líneas blancas, aquello me reanimó de inmediato, deseos de venganza empezaron a consumirme, por mi mente pasaban imágenes de los rostros de los asesinos: no los conocía, no sabía quiénes eran, como se veían, pero podía imaginar fácilmente tenerlos frente a mi torturándolos hasta la muerte; el fuego era una constante en aquella dinámica, podía escucharlos sufrir, gemir, implorar, y la venganza, la divina venganza que había pasado a convertirse en el único motivo de existencia. La verdad no tenía muy claro ahora cual sería la mejor fórmula para vengarme, soñaba con asesinar a todos esos perros, pero también sería sumamente placentero confinarlos en un sótano con una luz tenue sin agua, ni alimentos, y dejarlos morir lentamente, para que tengan oportunidad de arrepentirse, y de procesar a cargo de quién está dispuesta su muerte.

Bajé de la camioneta con ánimos renovados, la nueva venganza me daba esa fuerza que nada me podía dar, mandé al Begonio a comprar una caja de ron, lo último que quería era estar sobrio en ese momento.

Entramos a la funeraria y apareció el gordo frente a mí una vez más.

—Recuerde que deben realizar el pago antes de…

—Sí, ya te lo dije, habla con el Mamaco, a mí no me digas nada por favor.

Seguí de largo y fui a pedir un café en la terraza, encendí un cigarrillo y de pronto salió mi ex suegra.

—Luis, ¿estás seguro de que está todo dispuesto? ¿Ya arreglaste con el señor?

—Me estaba dando a entender que hasta que no pagaran no dejaría que entraran los cuerpos. No quiero que el cadáver de mi hija sufra tal humillación.

—¿Eso te dijo? Ya verá ese hijo de puta. No se preocupe, señora Elena. Procure que cuando lleguen los cuerpos los arreglen de la mejor forma posible, que se vean hermosas en su despedida, que del gordo de mierda me encargo yo.

—Está bien, Luis, pero por favor, no vayas a armar un escándalo.

—No, para nada. No se preocupe.

Cuando vi a mi ex suegra perderse entre los pasillos de la funeraria acabé mi cigarrillo, bajé para buscar al Mamaco y le ordené de inmediato.

—¡Mamaco!

—¿Qué pasa, señor?

—Hay un cambio de planes.

—¿Con respecto a qué?

—Al gordo de mierda, ¿recuerdas lo que te dije?

—Sí, claro.

—Resulta que no lo quiero muerto ahorita mismo, pero tampoco lo quiero aquí ¿Me entiendes?

—¿Qué quiere que haga, señor?

—Llámalo y dile que le vas a pagar, pero que tienes el dinero en efectivo por lo que deben ir hasta la camioneta para entregárselo…

—Ajá.

—Cuando lleguen a la camioneta lo encañonas y le dices que suba, lo llevas a casa y lo encierras en el sótano, lo dejas bien amarrado en una silla y sin una puta gota de agua.

—De acuerdo, señor.

—Cuando acabe el funeral le metes una bala en la frente, no quiero manchar el funeral de mi hija.

—Como usted ordene, patrón.

—Gracias, Mamaco.

—Para mí es un placer deshacerme de esa infame bola de mierda.

[…]

Minutos antes de las nueve de la noche llegaron los vehículos con los cadáveres de Erika y mi hija Clara. Nuevamente me invadieron las náuseas. No podía convencerme de que realmente mi mujer y mi hija yacían muertas dentro de un par de cajones. Fui al baño y comencé a vomitar. Me eché agua en la cara. Me persigné cientos de veces… Cada vez que intentaba de restablecerme, las náuseas me hacían vomitar de nuevo. Agobiado, saqué la cocaína de mi bolsillo, inhalé un poco y al salir del baño me serví un trago de ron puro y lo tomé a pecho. Poco a poco fueron llegando los familiares. Mientras recibía los pésames, por alguna extraña razón sentía ganas de asesinarlos a todos. No quería ver a nadie allí, a ninguna de esas personas insípidas, débiles, que no tienen la menor idea de lo putrefacto que se encuentra el mundo. Tuve que seguir bebiendo y jalando para perder la conciencia. El tiempo pasó sin que me diera cuenta. Abracé a decenas de personas que desconocía. Cuando Luciana llegó a la funeraria junto a su madre a la funeraria, la saludé a lo lejos. Vino hacia mí.

—¿Cómo te sientes? —dijo, con el rostro perturbado.

—Como una mierda, no puedo sentirme de otra manera.

—Quisiera poder hacer algo.

—¿Preparaste tus cosas?

—No he sacado nada. No me mandaste a buscar, ni me llamaste más.

—Tienes razón. Lo siento mucho, tengo mil cosas en la cabeza.

—No te preocupes, mañana podemos resolverlo, no hay apuro.

—Sí, sí que lo hay.

—¿Qué quieres hacer?

—Asesinar a todos los hijos de puta que tuvieron algo que ver con la muerte de Erika y mi hija.

—Tranquilízate, Luis, por favor.

—No me pidas que me tranquilice en este momento.

—Pero… Luis…

—No me digas una mierda, Luciana, no quiero escucharte.

—No tienes por qué tratarme así; hablamos después.

Entonces Luciana se perdió entre la marea de gente, saludando a los familiares y demás imbéciles hipócritas que llegaron hasta allí solo para chismosear sobre las causas de la muerte de Clara y Erika. Mi ex suegra se acercó con un vaso en la mano.

—Luis, Clara y Erika ya están listas. Las han maquillado y vestido. Están en las capillas. Puedes pasar a verlas cuando quieras.

—Lo haré cuando me sienta fuerte.

—Tómate tu tiempo —dijo, demostrando empatía hacia mí por primera vez.

Mi ansiedad comenzó a crecer. Las náuseas también. Me sentía borracho, ido, absurdo. Solo quería salir de ese puto lugar, lo último que necesitaba era ver a mi hija en una puta capilla. Tomé el teléfono y marqué el número de

Esmeralda.

—¿Sí?

—Óyeme, Esmeralda.

—Luis Restrepo, pensé que más nunca volvería a saber de ti.

—Han pasado muchas cosas, ¿estás en casa?

—Sí, por supuesto, aquí estoy.

—Voy para allá.

—Pero…

—Espérame.

Salí de la funeraria y me encontré al Begonio durmiendo en la acera.

—Begonio, vamos.

—¿Adónde señor?

—Tengo un asunto pendiente.

[…]

Llegué a la antigua residencia de Madame Sofía, llamé a la puerta y Esmeralda me abrió. Sin decir una palabra le metí los dedos de mi mano derecha en su chucha y empecé a calentarla.

—Quiero cogerte —le dije.

—Luis Restrepo, ¿por qué tan agresivo? —replicó con gesto lascivo.

—No quiero hablar. No tengo ganas. Vamos a una habitación.

Subimos las escaleras e ingresamos a la habitación principal. Segundos después ya tenía a Esmeralda desnuda. Su cuerpo era tan hermoso como lo había imaginado. Chupé sus tetas durante un rato, luego la puse en cuatro y empecé a darle por el culo con todas mis fuerzas.

—Ay, Luis Restrepo, ¿por qué tan enardecido?

No respondí. Simplemente, seguí dándole cada vez con más fuerzas: azotaba sus nalgas con mis palmas, le halaba el cabello, la dominaba, le daba cada vez más duro, ella gritaba, no paraba de gemir. En un momento, hice un nudo con su cabello, la halé como si se tratara de un caballo de paso y vertí todo mi semen dentro de su culo.

—¿Ya acabaste? —dijo la muy puta.

—Sí, gracias, eso era lo que necesitaba.

—¿Qué te pasó?

—¿Realmente quieres saber?

—Sí, claro, por supuesto que sí.

—Asesinaron a mi mujer y a mi hija.

—Jueputa, ¿me estás hablando en serio?

—Sí, no tengo motivo para bromear con eso.

—Mierda, Luis, ¿cuándo pasó eso?

—¡Ayer!

—¿!Ayer!?

—Sí, ayer.

—¿Y qué carajos estás haciendo aquí?

—Necesitaba coger, te lo dije.

—¿Coger? Acaban de asesinar a tu hija.

—Necesitaba drenar energía.

—Coño, Luis, lo siento mucho.

—Debo volver a la funeraria.

—Por supuesto, ve, no te preocupes.

—Cualquier cosa, te llamo.

—Sí, llámame cuando quieras, aquí estaré.

—Gracias.

Me levanté de la cama, tomé mi camisa y mis pantalones, me vestí, salí de la habitación y bajé las escaleras. Al salir de la residencia, tras drenar un poco de energía y eliminar los efectos del alcohol, descubrí que era el momento de enfrentar lo inevitable; debía ver los cadáveres de mi hija y mi mujer.

[…]

Camino a la funeraria, bajé las ventanas de la camioneta y fumé un cigarrillo.

—¿Está bien, patrón? —preguntó el Begonio.

—No te preocupes. Volvamos a la funeraria. Tengo que despedirme de Erika y mi hija.

—Por supuesto, señor.

Ya era de madrugada, quedaban pocas personas en el salón, entre ellas Luciana, quien al verme se me acercó sorprendida y algo enfadada.

—¿Dónde estabas, Luis Restrepo? —me preguntó con voz desafiante.

—Me sentía mal y salí a buscar medicinas.

—¿Una farmacia? ¿Y tardaste una hora para eso?

—Ya sabes cómo están las cosas en este país, no se consigue nada.

—¿No vas a despedirte de tu hija?

—Sí, a eso voy —respondí, enfocando mis ojos en la nada.

A partir de entonces todo se nubló a mi alrededor. No sé si Luciana siguió hablando o si se marchó. Todo enmudeció: un silencio absoluto se apoderó de mi universo. Me acerqué lentamente a los ataúdes y cuando estuve lo suficientemente cerca cerré mis ojos y respiré profundo: toqué la madera con mis manos, abrí los ojos y entonces vi que, efectivamente, mi hija había muerto. A su lado yacía Erika, su madre. Pensé que me iba a desmayar, pero logré reponerme.

—Te amo, hija, te amo.

Fue todo lo que alcancé a decir. Acto seguido, me desplomé al suelo.

## 10

Ha pasado una semana desde la muerte de mi hija y Erika. Luciana ya ha venido a instalarse conmigo. Durante estos días hemos reclutado a cinco nuevos miembros para el grupo y nos hemos mudado a la casa de Colinas de Pirineos que había comprado para mi familia. El Mamaco sigue estando a mi lado, pero a su vez maneja su propio grupo para operaciones suicidas. Lo cierto es que durante estos días no he dormido nada, no he podido pegar un solo ojo: entre la cocaína, los cigarros y el alcohol, me siento enloquecido, pero al mismo tiempo he sido incapaz de llorar. No puedo cogerme a Luciana. Cuando siento ganas de coger llamo a Esmeralda. Es extraño, por alguna razón me siento más cómodo con una puta que con la madre de mi próximo hijo. ¿Estaré perdiendo la razón?

Unos días después de los acontecimientos, hablé con el Tino Méndez y con José Pasto. Ellos no dudaron en mostrarme su respaldo y me aseguraron que los responsables de todo era la familia de Costello en Cali. Al parecer, tras la muerte de su representante en la frontera venezolana han enviado nuevos miembros para cubrir la vacante. Todavía no sabemos quiénes son, pero juro que igual los voy a matar. Algunos de mis hombres investigando y el Tino Méndez aseguró que se encargaría de hacer que las ratas saliesen de las alcantarillas.

El nuevo grupo de reclutas está dedicado a las operaciones de distribución interna. He empezado haciendo envíos a las ciudades de Barinas, Mérida, y Maracaibo. Donde mejor se paga la cocaína es en la capital zuliana. Los maracuchos son más ostentosos y además las numerosas alcabalas dificultan el transporte de la mercancía, por ello la droga es más escasa y, obviamente, más costosa.

Mañana debo ir allá con el Mamaco y Alirio para enviar un cargamento hacia Aruba. Desde allí será enviado por otros canales a Estados Unidos. La carga es del Tino Méndez. Inicialmente, él enviará una avioneta con solo media tonelada de cocaína para verificar la seguridad de la ruta. Una vez se haya asegurado, empezará a realizar envíos de hasta dos y tres toneladas. Mi única misión es asegurarme que todo salga de acuerdo a lo establecido, verificar que se haga el depósito y que el avión despegue con toda la droga. Por supuesto, yo iré en el avión para entregarle la mercancía a Martín Rosario, un viejo antioqueño que solía trabajar para el cartel de Cali pero tuvo que salir del país cuando su propia gente lo buscaba para matarlo.

La noche antes de mi partida, encontré a Luciana llorando en la habitación:

—¿Qué pasa? —le pregunté intrigado.

—Olvídalo, no me pasa nada.

—¿Por qué lloras?

—Por nada, no te preocupes.

—Maldita sea, Luciana, háblame.

—Ay, Luis, ¿qué te puede importar? Si ya ni me tocas, ni me determinas.

—Por el amor a Dios, Luciana… Qué inconsciente eres… Mi hija y Erika acaban de morir, ¿cómo quieres que me sienta?

—Claro, todo es Erika ahora. Cuando ella estaba viva no me decías lo mismo. Supuestamente estabas cansado de ella. Y, además, loco por mí.

—Fue mi mujer durante mucho tiempo, ¿qué quieres? ¿Qué esté feliz?

—No, por supuesto que no, te recuerdo que también era mi prima y me duele, pero eso no quita que no me puedas determinar.

—No estoy en mis mejores días.

—Sí, pero eso no te ha impedido trabajar, drogarte, andar de arriba para abajo con la cuerda de malandros esos.

—Por favor, Luciana, te ruego que respetes un poco a mis empleados.

—¿Por qué no me coges, Luis? ¿Por qué? ¿Ya no te provoco acaso?

—Por supuesto que sí, pero ya te dije, no son mis mejores días.

—Además, mañana te vas de viaje. No sé cuándo te volveré a ver... No es justo —dicho eso, Luciana comenzó a desvestirse—. Dime, ¿no te provoca esto acaso? —dijo, mientras acariciaba sus senos.

—Luciana...

—¿No te provoca nada?

Me baje el cierre, la tomé del cuello y la hice bajar...

—Sí, chúpalo, cariño. Así, así.

## 11

Salimos de mi casa a las cinco de la madrugada. Según nuestro cronograma de actividades, debíamos llegar a Maracaibo aproximadamente a las once de la mañana. Buscaríamos un hotel, pasaríamos la tarde allí e iríamos a verificar la mercancía depositada en un galpón en el municipio San Francisco, aledaño a la ciudad capital del Estado Zulia. Volveríamos al galpón a las once de la noche para empezar la extracción de la droga y acto seguido iríamos al aeropuerto la Chinita. Allí, al final de la pista comercial, se había establecido la pista para vuelos privados y pequeñas aeronaves.

El Tino Méndez había arreglado con los guardias y autoridades del aeropuerto para ingresar sin ningún problema. Eso dijo. ¿Cómo podía yo estar seguro de eso? Muy sencillo, nadie arriesgaría media tonelada de cocaína si no tuviese asegurado todo el proceso. Pero, claro, en este negocio, el riesgo es una constante.

Durante el trayecto por la carretera, cerré los ojos y finalmente pude dormir. Creo que me quedé dormido por La Fría, y desperté recién más allá de Machiques. Echamos combustible en Villa del Rosario a las diez de la mañana y seguimos directo hasta Maracaibo. Ahora manejaba era Alirio, porque decidí dejar a Begonio en mi casa, cuidando a Luciana junto a dos nuevos integrantes.

En Maracaibo el calor era asqueroso. Sudábamos como demonios. Tuvimos que subir las ventanas y encender el aire a su máximo capacidad. El ingreso a la ciudad fue complicado, porque las direcciones eran difíciles de hallar. Finalmente desistimos del intento, estacionamos, tomamos un taxi y le pedimos que nos guiara hasta el hotel Marama.

—Hemos llegado —avisé al Mamaco y Alirio.

—Finalmente... ¿Qué haremos aquí? —preguntó el Mamaco.

—Dormiremos un rato. Debemos descansar. A las tres iremos al galpón para verificar la mercancía y cuadrar el transporte. Luego volvemos al hotel, esperamos a que se haga de noche y volvemos a buscar la carga para ir al aeropuerto y volar hasta Aruba.

–¡Qué grande, patrón! ¿Aruba? –comentó Alirio.

–Sí, Aruba, la carga va para allá.

–Pero yo no traje pasaporte –respondió el imbécil.

–No seas estúpido –le respondí-. ¿Crees que vamos de vacaciones y pasaremos por la aduana? Aterrizaremos en una pista clandestina. Nos estarán esperando. Haremos el intercambio, entregaremos la droga, recibiremos los dólares y volveremos a Venezuela con los maletines llenos.

–Uy, jefe –dice el Mamaco-, ¿y cuántas locas vamos a coronar ahí?

–Es un negocio del Tino Méndez. Solo somos los intermediarios; pero a cada uno de ustedes le quedará diez mil dólares.

–¡¡Diez mil!! –gritaron al unísono.

–Mierda, patroncito, gracias. ¿Qué voy a hacer yo con tanto billete? –dijo el Mamaco-. Lo primero será gastármelo en viejas buenas y en una moto. ¿Se imagina, patrón? Quiero una bien grandotota, de esas que suenan del hijueputa, pa' levantarme jevitas por el barrio obrero.

–Tú haces con tu plata lo que quieras, Mamaco – le dije-. Alirio, ve a chequear las habitaciones, pide tres.

–Sí, patrón, voy.

–¿Y tenemos que llevarle la plata de vuelta a ese man? –dijo el Mamaco, volviendo a la conversación.

—Por supuesto que tenemos que llevársela. Es dinero fácil. Él hace toda la operación y nosotros solo nos encargamos de venir a verificar que todo se cumpla según lo pactado. El Tino hace envíos como este todo el tiempo.

—Ese man debe estar podrido en plata.

—Ya viste su hacienda, ¿no?

—¿Y por qué no hacemos una vuelta de esas nosotros solos? —preguntó el Mamaco.

—Calma, la ambición es buena pero hay que saberla controlar. Este tipo se ha portado bien con nosotros y debemos respetarlo. Más adelante intentaremos abrirnos por nuestra cuenta.

—Está bien, patroncito, ¿y a usted cuánto le queda del golpe?

—Debo hablarlo con el Tino. Veremos. Lo primero es que todo salga bien. No hay que contar los pollos antes de cazarlos.

—Está bien, patroncito.

—Señor —dice Alirio desde la ventana.

—¿Qué pasa?

—Ya están listas las habitaciones.

—Busca a un botones y que venga a recoger las maletas. Quiero dormir. Voy a subir a la habitación, que nadie me moleste hasta las tres de la tarde.

—Sí, señor.

[...]

La habitación del hotel en Maracaibo parecía otro

mundo. Por supuesto, nos hospedamos en un hotel cinco estrellas. El aire acondicionado tenía que ser una maravilla. Cerré las persianas, me metí entre los edredones y me quede dormido. Bastó con salir de San Cristóbal para finalmente poder descansar.

Desperté a las tres. Casi no podía levantarme. Alirio empezó a golpear la puerta con insistencia. Ya era la hora. Es más, estábamos demorados. Entré a la ducha y luego abrí a la maleta y saqué una bolsa de cocaína. La esparcí sobre una mesita y jalé un pequeño pase para tener fuerzas para el resto del día. Abandoné la habitación. En el lobby me esperaban Alirio y el Mamaco.

—¿Descansó bien, patrón? —preguntó el Mamaco.

—Afortunadamente, pude dormir como los dioses —respondí.

—Esos cuartos son de película. Nunca había estado en un hotel de ricos, pero ya veo por qué uno se enferma con la plata. ¿Cómo no va a querer uno disfrutar de esta vida todos los días?

—Claro, pero recuerda que debes tener mesura. No te dejes llevar por tus impulsos, Mamaco. Todo llegará a su debido momento.

—Sí, patrón, ¿y ahora qué?

—Vamos al depósito.

—¿Usted sabe cómo llegar? —preguntó Alirio.

—No, le pediré al contacto que me haga llegar la ubicación por Whatsapp y usaremos el GPS.

–Vamos, entonces.

Salimos del hotel y una vez más el infierno de Maracaibo nos azotó con furia apocalíptica. Subimos rápidamente a la camioneta y emprendimos la ruta hacia el municipio de San Francisco. A lo lejos podía divisarse el puente del lago Maracaibo. "Qué arrecho que antes se hicieran tantas vainas en este país de porquería", pensé. La voz robótica del GPS nos conducía por zonas cada vez más horribles. Había guajiros por todas partes y calor, mucho calor. Ingresamos a un barrio con todas las casas a punto de derrumbarse. Por las esquinas se veían niños desnutridos aguantando sol, pidiendo dinero o vendiendo plátanos a las camionetas que pasaban por allí. A medida que avanzábamos, más feo se hacía el paisaje.

–Aquí, todo es una olla, jefe. Es feo hasta para mí –dijo el Mamaco.

–Calma, ya estamos por llegar –respondí.

Alirio siguió conduciendo hasta que al final de una calle ciega encontramos la entrada al supuesto galpón, estaba pintado en rojo, y afuera había un cartel del gobierno.

–¿Es ahí? –preguntó Alirio.

–Parece que sí –respondí.

Saqué mi teléfono celular y empecé a llamar a mi contacto. Su alias era "Avioncito". Cuando me contestó le dije que habíamos llegado y que estábamos frente a unos galpones que parecían pertenecer al gobierno.

—Sí, claro. Bájate, estamos adentro —dijo con excitación.

Colgué el teléfono.

—¿Entonces? —preguntó el Mamaco.

—Sí, es ahí, allí está la droga.

—¿En un edificio del gobierno? —preguntó Alirio.

—Sí, ¿tú que crees? ¿Quiénes piensas que mueven el negocio de la droga en este país?

[...]

Bajamos del auto y de inmediato salió el "Avioncito" a recibirnos. Era tipo moreno de baja estatura, con facciones indias y poco cabello. Parecía cansado, pero se dirigió hacia nosotros con entusiasmo.

—Así que vos sois Luis Restrepo. Al fin nos conocemos. Yo soy el "Avioncito" — me dijo con ese típico acento maracucho.

—Lo supuse, el placer es todo mío. ¿Cómo van las cosas?

—Aquí mijo, berreando para sacar la vergación esta palante, vos sabéis como son las cosas.

—Claro, lo imagino.

—Contame, mijo, ¿y el Tino Méndez cómo está?

—Bien, ya tú sabes, ¿qué problemas puede tener un tipo como él? Me envió a verificar que el traslado fuese perfecto, que no fallara nada.

—¿Queréis pasar a ver el empaquetado de la

mercancía?

—Por supuesto, para eso estoy aquí.

—Vení, entrá, ya está quedando todo bien distribuido.

Con el Mamaco y Alirio a mis espaldas ingrese al galpón. La entrada estaba fuertemente custodiada por varios sujetos con trajes militares.

—¿Esos son guardias nacionales? —pregunté.

—Pues claro, vos que creéis, ¿quién va a cuidar toda esta droga sino son ellos? Esto no es un jueguito de niños, ¿sabéis la cantidad de billete que hay aquí metido?

—Por supuesto, debe estar bien conectado el Tino…

—A verga, muchacho. Este cargamento está bien custodiado porque de aquí come todo el mundo: los guajiros, los guardias, los policías… Ese es el peo de este negocio, todos quieren tener una parte. Y sin embargo, produce tanto, que es la mejor vía para hacer billete.

—Tienes razón.

Dentro del galpón había unas veinte personas empaquetando la mercancía. Hasta parecía que incluso hacían control de calidad: un grupo observaba las dimensiones y pureza del producto; otro lo pesaba, otro se encargaba de sellar los paquetes. Funcionaban a la perfección.

—¿Por qué trabajan desde galpones del gobierno? —pregunté.

–Porque aquí nadie se atrevería a entrar a chismear. Vos sabéis como son las cosas en este país. Además, como toda esta verga la manejan ellos mismos, así se ahorran muchas cosas.

–¿Y qué debería hacerse en este lugar? Quiero decir, ¿para qué está realmente destinado?

–¡Vergación! Ahora si me jodiste. No lo sé bien. En esta verga creo que depositaban alimentos. No sé, lo usaban para guardar mercancía importada. Vos sabéis que en este gobierno todo es traído de afuera. Aquí de vaina y tomamos agua propia. Tenemos que importar hasta el arroz, el champú. Todo se trae desde afuera. Bueno, hasta la droga, nosotros no servimos pa' un sevillo. Solo para vender y comprar. Menos mal que tenemos petróleo, mijo, sino todos estaríamos durmiendo en alcantarillas.

–Tiene mucho sentido lo que dices.

Caminamos alrededor del galpón. El "Avioncito" seguía detallando las funciones de cada uno de los grupos de trabajo. Ciertamente, parecía una gran corporación. Cada uno tenía sus funciones bien delimitadas. Con la salvedad que el trabajo que se realizaba en este lugar es considerado "ilegal", ¿pero a quién le importa el significado de esa palabra en este país?

Había millones de dólares en ese galpón. Los trabajadores presentes no llegaban a recibir ni el uno por ciento de las ganancias. ¿Quién dijo que esta actividad no es la máxima expresión del capitalismo?

—¿A qué hora estará lista toda la mercancía, "Avioncito"?

—Verga, mijo, esto tendría que estar listo a las siete de la noche. ¿A qué hora quedamos en llevarla al aeropuerto? A las doce de la noche, ¿no?

—Sí, eso me informó el Tino.

—Bueno, muchacho, si vos queréis, podéis irte a descansar otro rato, y te venís como a las once, montamos todas las cositas, y le echamos plomo.

—¿Los camiones? ¿Las alcabalas? ¿Todo sin novedad? —volví a preguntar.

—¡Vergación, mijo, pues claro! ¿Vos que creéis? ¿Qué estáis hablando con vergos no profesionales? Todo listo, papá: tú solo tenéis que montarte en ese avión y hacer que despegue la verga esa.

—¿Cuánto dura el vuelo hasta Aruba?

—Esa vergación es aquí mismo. Yo no sé porque no es parte de Venezuela. Veinticinco minutos… Treinta, cuando mucho. Cerráis los ojos y cuando volvéis a abrirlos ya estáis en la isla.

—¿La avioneta? ¿El combustible? ¿Pilotos?

—Listo, mijo, todo eso está listo.

—Vale, pues. Me voy tranquilo, entonces.

—Vos no te preocupéis por nada. Como te digo, solo tenéis que montarte en ese avión.

–De acuerdo, "Avioncito".

Cuando volví al salón grande, el Mamaco y el Alirio habían desaparecido. El único que me seguía era el Begonio.

–¿Y los demás? ¿Dónde están? –pregunté intrigado.

–Hmmm… No sé –respondió sin inmutarse.

Seguimos paseando por aquel lugar hasta que encontramos al par de idiotas observando los grandes paquetes de droga.

–¡Estúpidos, ya nos vamos!

–¡Claro, patrón! –respondió el Mamaco-. ¿Todo listo?

–Sí, nos vamos.

Al salir, el "Avioncito" nos dio un abrazo a cada uno. Nos trató de primos, hermanos y todo lo demás. Ese es el peo con estos maracuchos, acabas de conocerlos y ya quieren ser parte de tu familia.

[…]

Volvimos al hotel. El calor me hacía sentir miserable. Cuando acaban las distracciones, vuelvo a acordarme de mi hija Clara y de Erika: me lleno de odio, de arrechera, me provoca asesinar a todo el mundo a mi alrededor. Acudo a la cocaína, al alcohol. Vuelvo a perderme, trato de simular entereza, fuerza, voluntad, pero en el fondo estoy más quebrado que nunca. Luciana me llama, no contesto. No quiero hablar con ella, no me provoca. ¿Estoy preparado para tener otro hijo? ¿De verdad quiero tener otro hijo? No tengo respuestas para nada, no tengo corazón para nada. No tengo voluntad. Solo quiero hacer dinero, mucho dinero, para comprar cien esbirros y vengarme de los malditos desgraciados que me jodieron la vida. En mi cabeza solo hay lugar para la venganza, el odio.

Llego a la habitación y tomo una ducha con agua fría para aliviarme de esta maldita ciudad de infierno. Apenas son las seis de la tarde. El sol empieza a ponerse. Las horas se me hacen interminables. No quiero volver a ver a Luciana, pero quiero volver a mi ciudad, estar en casa, cerca de los hechos, seguir moviéndome. Necesito conocer cuanto antes el paradero de los asesinos de mi hija. ¿Podré lograrlo?, ¿Cómo será mi venganza?

Mando mensajes al Mamaco, a Begonio y Alirio para que bajen al restaurante del hotel. Pedimos la cena, yo ordeno lomito, ellos quieren hamburguesa. Queremos cervezas bien frías, pero solo tienen cerveza light. ¿Quién coño bebe cerveza light? ¿Será que la estupidez se contagia?

Mi teléfono comienza a vibrar y cuando reviso me percato que una vez más se trata de Luciana. No contesto. ¿Esta mujer no se da cuenta de que no quiero hablar con ella? ¿Por qué tuvo que quedarse embarazada? Eso lo arruinó todo, sin duda. Su embarazo dañó la emoción, las ganas, hasta el romance. Al quedarse preñada lo jodió todo. ¿Será estúpida?

Mastico ese lomito sin ganas. No siento ningún sabor. Después de la muerte de mi hija Clara todo me resulta insípido. ¿Habré perdido el sentido del gusto? ¿O será que para mí sencillamente la vida ya no tiene sentido? El Mamaco devoró su hamburguesa como un felino. Ese hijo de puta no tenía nada malo en la cabeza. Le daba igual asesinar a veinte personas en un mes. No tenía nada que perder y mucho que ganar. Salió de un barrio miserable, no tenía ni para comer, no tenía un techo que lo protegiera del agua, no tenía una mujer o hijos que lo quisieran. Para él todo esto era ganancia. Lo mismo para el Begonio y Alirio. Y por qué, entonces, de todos nosotros, el único desdichado soy yo, me preguntaba. ¿Por qué debo pagar las consecuencias de todo? ¿Tendré que asesinar también a estos hijos de puta? ¡Espera, Luis Restrepo! ¡Te vas a volver loco! Sin ellos no puedes seguir en el negocio. Sin ellos no puedes llevar a cabo tu venganza. No puedes perder la cabeza. Contrólate. Respira hondo.

[…]

Termino de masticar el lomito, engullo el puré, la cerveza, termino mi plato, me levanto de la silla y me despido de mis hombres.

—Nos vemos en el lobby a las once en punto.

—Sí, patrón —contestan los tres de inmediato.

Camino hasta el ascensor y subo hasta el quinto piso. Me provoca tirarme por la ventana y acabar con mi vida, pero no, no puedo, primero debo matar a todo aquel que haya tocado a mi hija, luego, luego buscaré más motivos para vivir.

[…]

Inhalé cocaína, me masturbé, luego volví a inhalar, le pedí fotos desnuda a Esmeralda y volví a masturbarme. Al terminar por segunda vez me sentí como un pedazo de porquería. Tomé una nueva ducha, cagué y tuve que bañarme de nuevo. Así pasaron las horas, expulsando porquerías de mi cuerpo, lavándolo y volviendo a expulsarlas, para volver a bañarme. Todos los humanos apestamos, ¿para qué nos habrá creado Dios? ¿Existirá ese impostor fracasado?

Diez minutos antes de las once bajé al lobby. Mis hombres ya estaban allí. Son puntuales los hijos de puta.

—¿Está listo el auto, Begonio?

—Salimos cuando usted quiera, patrón.

—Entonces, vamos. No hay tiempo que perder.

Subimos a la camioneta y arrancamos rumbo al depósito. En esta porquería de ciudad, hasta las noches son un infierno por el calor húmedo y pegajoso que no da tregua. Cruzamos un par de pasos elevados, tomamos la autopista y en cuestión de minutos ya estábamos en el galpón. La vigilancia se había triplicado. Varios camiones aguardaban en las afueras de los galpones. Bajamos la ventana para dirigirnos a uno de los guardias.

—¿Qué desea? —pregunta el uniformado.

—Soy Luis Restrepo, hablé con el "Avioncito". Yo soy el que lleva la carga.

—Adelante, señor.

Avanzamos entre la pila de camiones y guardias, nos estacionamos junto al enorme galpón y bajamos de la camioneta. El "Avioncito" me ve a lo lejos y se acerca.

—¿Está todo listo?

—Perfecto. Los camiones ya empiezan a salir. De hecho, ya salieron dos.

—Estupendo —le respondo.

—Saldrán dos más y luego iremos al aeropuerto.

—Vale, ¿todo está bajo control allá?

—Todo bien, no hay problema.

Tuve la impresión de que el "Avioncito" estaba mucho más serio ahora que durante la tarde. ¿Sería por el cansancio? ¿Habría algún problema? Cuando terminaron de despachar el último par de camiones, subimos a la camioneta y arrancamos. El "Avioncito" vino con nosotros.

—¿Conocen el camino al aeropuerto?

—No, para nada, "Avioncito". No conocemos esta ciudad.

—No se preocupen, yo los guiaré. O mejor dicho, sigan a esos camiones.

El Begonio conducía con los ojos bien abiertos. Íbamos en total silencio, afortunadamente era noche cerrada y no había tráfico. Debíamos llegar en tan solo un par de minutos. Según tenía entendido, el aeropuerto estaba cerca. El "Avioncito" sacó una bolsa de su bolsillo.

—¿Queréis? —ofreció.

—No, gracias. Ya he jalado demasiado.

—Como quieras —dijo y comenzó a inhalar.

—Pensándolo bien, sí, dame un poco. Debo tomar ese vuelo y necesito estar despierto.

Me jalé tres líneas, luego el Mamaco también se sirvió.

—¿Ustedes están bien? —pregunté a Alirio y el Begonio.

Hicieron gestos mudos para rechazar la oferta; seguimos en camino, y llegamos al aeropuerto.

—¿Es aquí?

—Sí, entraremos por la parte trasera de la pista, desde allí despegará la avioneta.

Seguimos a los camiones e ingresamos a la pista de despegue del aeropuerto. Había guardias en la entrada, pero ni siquiera nos hicieron bajar las ventanas. Avanzamos con total naturalidad, como si fuera parte de la vida cotidiana que unos sujetos ingresaran a medianoche al aeropuerto internacional para despachar droga. De los camiones bajaron varios hombres y rápidamente comenzaron a llenar la avioneta. Era una de esas antiguas naves de hélices. El piloto estaba a un costado de la pista, totalmente nervioso.

—¿Es tu primera vez? —dije al acercarme a él.

—¿Señor?

—Qué si es la primera vez que vuelas transportando droga.

—Ah, sí… Lo siento… He volado cientos de veces, pero…

—No te preocupes, todo saldrá bien, no hay ningún problema.

—Sí, claro, es un vuelo corto después de todo.

Camino de nuevo hacia donde está el "Avioncito".

—Oye, el piloto no tiene experiencia —comento con preocupación.

—¿A qué te referís?

—El tipo nunca ha transportado droga.

—¿Cómo qué no?

—Me lo acaba de decir.

—Seguro que entendiste mal: este tipo ya ha ido un par de veces, como copiloto. Es que el primer piloto se enfermó.

—¿Cómo así?

—Bueno, se enfermó.

—¿Y este tipo sabe volar?

—Por supuesto, todos los copilotos saben volar. Solo está nervioso, no te preocupes por él.

—Yo no estoy preocupado.

—Entonces no estéis nervioso.

—No lo estoy.

—De acuerdo, pues.

En poco más de media hora cargaron toda la droga en la avioneta. Cuando terminaron, el "Avioncito" vino a reportarse.

—Está todo listo. Ya pueden subir los dos que van a ir en la avioneta.

—¿Solo dos?

—Sí, solo caben dos. Si metemos más peso, la avioneta no va a poder ni levantarse del suelo. Ya va muy cargada.

—Pensé que iríamos los cuatro.

—A veces debe ir uno solo, móntate y llévate a uno de los tuyos.

—¿Y puedo mandar a mis dos hombres?

—Si confías en ellos para dejarle en las manos millones de dólares, adelante.

—No, por supuesto. Lo siento, estoy como ido. Será el cansancio.

—¡Mamaco! —grité—. Vamos, tú te vienes conmigo.

—¿Y los demás, patroncito?

—Dile al Begonio y Alirio que nos esperen con la camioneta encendida.

—De acuerdo, jefe.

Las hélices de la avioneta se encendieron, el motor comenzó a rugir.

—Buena suerte, Luis Restrepo —dijo el

"Avioncito".

—Gracias, tú te arreglas con el Tino Méndez, ¿no?

—De eso no te preocupéis.

—Vale.

Subí a la avioneta y me senté sobre una paca llena de cocaína.

—¿Todo bien? —dije, para distraer al piloto.

—Todo va bien, ya estoy mejor.

—¿Quieres un pase?

—No, señor, gracias. Ya estoy bien.

—De acuerdo. ¡Mamaco, sube!

Cuando subió vi que su cara temblaba por los nervios.

—¿Habías volado antes?

—No patrón, nunca.

—No te preocupes, esto es más seguro que los carros.

—¿De verdad?

—Sí, hombre, no le pares bolas.

La avioneta comenzó a moverse, a tomar velocidad, cerramos la puerta y en cuestión de segundos despegamos del suelo.

—¿Cuánto dijiste que tardaba el vuelo? —le grité al piloto.

—¡Veintiocho minutos, señor!

[...]

A lo lejos podíamos ver las luces de la ciudad. El Mamaco casi vomita en un par de ocasiones y tuve que darle más cocaína para que aguantara.

¡Maldita droga! Es la cura para todos los males. No entiendo por qué es ilegal. Descendimos sobre territorio holandés. Parece una fantasía que en cuestión de minutos podamos llegar a tierras bajo protección europea. Aterrizamos sobre una pista encubierta. No había guardias, gentío, nada. Un par de sujetos con capuchas y rifles que hablaban un español muy malo abrió la puerta de la avioneta.

—Bajar, bajar —dijo uno de ellos.

Nos escoltaron hacia una camioneta, una Range Rover negra, con vidrios oscuros. En su interior estaba un hombre de piel oscura que debía medir dos metros. Llevaba camisa blanca, pantalón blanco y no tenía nada de cabello.

—¿Tú eres Luis Restrepo? —me preguntó con acento extraño.

—Sí, soy yo.

—Mis hombres se encargarán de todo ahora en adelante. No te preocupes, en la maleta están los bolsos con el dinero ¿Quieres contar?

—Aunque quisiera no sería capaz de contar millones de dólares en unos minutos. El Tino Méndez me ha dicho que usted es un hombre de palabra.

—Más que de palabra, de negocios. De nada me serviría robarle al Tino. Solo conseguiría quedarme sin proveedor.

—Es muy inteligente de su parte.

–Ser inteligente es lo de menos. En este negocio, basta no ser estúpido.

–¿Dice que todo el dinero está en esos bolsos?

–Sí, en los dos bolsos negros que están atrás. Todo el dinero, en efectivo. En diez minutos puedes bajar de la camioneta para volver a subir nuevamente a la avioneta. Mientras tanto, ¿te apetece tomar algo? ¿Un whisky? ¿Vodka?

–Un whisky estaría bien –respondí.

–¿Y para tu acompañante?

–Un whisky para él también.

El negro fornido movió los dedos y uno de los sujetos que lo protegía nos sirvió un par de tragos.

–¡Salud! ¡Por más negocios exitosos!

–Salud –respondí.

El Mamaco no dijo una sola palabra en los diez minutos que estuvimos dentro del auto. Tampoco probó su whisky. Cuando terminaron de descargar todos los paquetes, bajamos de la camioneta y dos sujetos nos entregaron los bolsos con el dinero. Abrí uno de ellos para examinar su contenido. Estaba forrado en dólares. Una cantidad que no solo yo nunca antes había visto, sino que no podría ni calcular. A cada uno de mis hombres le tocaba diez mil dólares, eso lo había definido previamente. El Tino Méndez me dijo que tenía que ser inteligente, que era esencial mantener contentos a los empleados y nunca comentar con ellos nuestras ganancias personales. Por este trabajo, yo me quedaría con doscientos cincuenta mil dólares: ¡un cuarto de millón de dólares por un día de trabajo no está nada mal!

Volvimos a subir a la avioneta. El Mamaco comentó sentirse algo mareado.

—¿Estás bien?

—Me siento mal del estómago.

Y así descubrí el punto débil del hijo de puta: no se lo puede matar a bala, pero si lo subes a un avión se orina encima de sus pantalones.

—¿Te aseguraste de que el dinero estuviera ahí?

Hizo señas para que yo abriera el bolso, y sí, también estaba cargado de billete.

—¿Cuánto puede haber ahí? —preguntó el Mamaco.

—No lo sé. Es una locura. Y no nos interesa: nosotros entregamos el dinero, recibimos lo nuestro y ya está.

—De acuerdo —me dijo y volvió a callar.

—Ya estamos listos, podemos irnos —le dije al piloto.

La avioneta arrancó y así, en cuestión de segundos, volvimos a abandonar Aruba y toda la mercancía que habíamos llevado.

# GLOSARIO DE
# TÉRMINOS Y EXPRESIONES

Buscas las camisas con tu dicho o frase favorita en
**https://www.shop.lashistoriasdelaciudad.com/**

Ando pelando: Andar sin dinero
Anexo: habitación o apartamento
Arrechar: enojar, emberracar, excitar sexualmente.
Bachaquear: Contrabandear o revender alimentos y productos
de primera necesidad
Bachaquero: Persona que se dedica a revender o contrabandear
alimentos o productos de primera necesidad
Bajale dos: calmarse, tranquilizarse
Bajarlo: asesinarlo, matarlo, darlo de baja.
Batuquearme: Es un movimiento rápido, también se puede
usar como ingerir la cocaína
Bolas: guevas, pelotas, testículos, arrojo, coraje, guapeza.
Burda e ladilla: Muy fastidioso
Cabellos churcos: Cabello ondulado, churco.
Caer a coba: Decir mentiras
Caer a palos: Tomar alcohol
Caer a pericos: Esnifar cocaína o perico
Caernos a perico: Ingerir perico en cantidades
Caerse a palos: Tomar alcohol
Carajito (a): niño o niña pequeña
Carajo: alusión negativa de una persona
Cayendo a paja: Diciendo mentiras
Chamos, chamitos: Así se llama a los jóvenes.
Chill: Tranquilo
Chiripita: Se refería al pene, como diminuto
Coger: fornicar, copular, relación sexual
Coñazo: golpe, puñetazo.
Coño e' madre: insulto, hijo de tu maldita madre
Crisiao: ansiedad de consumo, crisis por falta de droga
Echar birras: Tomar cerveza
Echarle bolas: Insistir, tener dedicación

Enchufados: Allegados al gobierno

Engatusarlo/engatusar: Corromper, manipular.

Esnifar: inhalar cocaína por la nariz

Fino: Bien.

Full Boleta: Algo muy notorio

Guisao: Cuadrado, cocinado, definido.

Jalada: serie se jalones o "aspiraciones" de cocaína

Jalón: acción de inhalar cocaína

Jevas o Jevitas: mujeres, novias, damiselas o prostitutas

Joderse en la mano que da de comer: Traicionar al jefe o persona que brinda apoyo

Ladilla: alguien fastidioso, molesto, desagradable.

Línea: Puede referirse a la línea de cocaína

Lucas: Dinero

Mamaguevo: Insulto coloquial

Marico: pana, compañero, amigo

Mariquear: arrepentir, echar para atrás, acobardar

Mariquito: Diminutivo de marico.

Me cargan a monte: Estar encima de una persona para que realice algo.

Me cargan jodido: incumplir con el pago de las deudas

Me cargas: Me tienes

Menor(a): Mote genérico de las clases bajas.

Menor(b): Mote que emplean los malandros

Merca: la reserva de droga para vender, la mercancía

Meter unos reales: Invertir dinero

Pacos: autoridades policiales, policías, guardias.

Pajudo: Mentiroso

Palos: Cada palo son mil bolívares.

Pana o Parce: amigo, compañero de andanzas, camarada, compinche

Pasapalos: Comida, sería el equitativo de tapas, o aperitivos

Pea: resca, borrachera, estado de ebriedad.

Pegar un quieto: Realizar un asalto

Buscas las camisas con tu dicho o frase favorita en
**https://www.shop.lashistoriasdelaciudad.com/**

Pegarle los mocos al techo: Andar exaltado.
Pegues: Estar drogado
Pelando: Sin dinero
Peos: problemas, conflictos, peleas
Perico: Derivados de la cocaína más impura
Piró: Mote genérico en masculino utilizado por delincuentes.
Piroa: Mote genérico en femenino utilizado por delincuentes
Platero: monto de dinero, cantidad de plata o dinero.
Ponerse con cómicas: Cambiar los términos de un acuerdo.
Rallar: Hablar mal de alguien
Rallas: Hablar mal
Ratón: guayabo, resaca
Rayado: Persona con mala reputación
Real: Dinero
Shots: cada trago de licor que se ingiere
Sifrinitas: Mujeres engreídas
Tigritos: Negocios
Tochada: tontería, bobada
Tranqué: Colgar.
Traqueto: comerciante de drogas ilícitas, narcotraficante.
Tripeo: salida de viaje, emprender un viaje
Un Pase: la dosis de cocaína que se aspira
Verga: Palabra genérica, se usa para cualquier referirse a cualquier cosa.
Volteadas: Borrachas.
Voltearle la cara: abofetear
Vueltica: Misión
White: la cocaína, la coca, la blanca
Yesquero: mechero, encendedor, candela
Zanahoria: Estarse sano, no meterse en problemas

# LAS HISTORIAS DE LA CIUDAD

El mundo no es blanco y negro como las páginas de este libro.
Es de color gris. El bien y el mal aparecen muy borrosos
cuando la espalda está contra la pared. Como reaccionas ante la
adversidad, determina gran parte de tu destino.
Si, controlas tu destino, ¿qué vas a elegir?
El poder real viene con opciones y es por eso que el
conocimiento es poder. El mundo es grande, pero si no sabes
qué opciones existen más allá que las de tu área inmediata, no
tienes muchas opciones. Todo y todos están conectados de
alguna manera. Nuestra misión es conectar y comunicar para
crear un mañana mejor para todos y
cada vida que tocamos.

**Nos gustaría aprovechar esta ocasión para invitarle a
visitarnos en http://www.lashistoriasdelaciudad.com/**

**Manténgate en contacto con LHDLC y
Únete a nuestra lista de email en
http://www.lashistoriasdelaciudad.com**

The House of Randolph Publishing, LLC
1603 Capitol Ave.
Suite 310 A394
Cheyenne, Wyoming 82001

Email: info@lashistoriasdelaciudad.com

Voice #: 307-222-2788
Fax #: 307-222-6876

# SOBRE EL AUTOR

**Joaquín Matos** es un escritor y periodista de Caracas, Venezuela. Su abuelo, un director de escuela, lo inspiró para escribir. La pasión de Joaquín por el arte se comentó después de escribir un poema precoz. Fue elogiado a nivel local y a pesar del reconocimiento, las condiciones socioeconómicas de Venezuela obligaron a Joaquín a desarraigar a su familia y trasladarse a Panamá. Actualmente escribe novelas y cuentos con un enfoque en personajes que pueden representar a muchas de las personas en este mundo, cuyas historias de otro modo no serían contadas.

Vea aquí más información disponible sobre Joaquín en
**amazon.com/author/joaquinmatos**

## Leer partes 1 - 3

Por qué prefiero ser un narco: Es mejor que un ordinario

Por qué prefiero ser un narco 2: Y su prima también

Por qué prefiero ser un narco 3: La matanza

www.ingramcontent.com/pod-product-compliance
Lightning Source LLC
Chambersburg PA
CBHW050731030426
42336CB00012B/1506